New life

11

New life

11

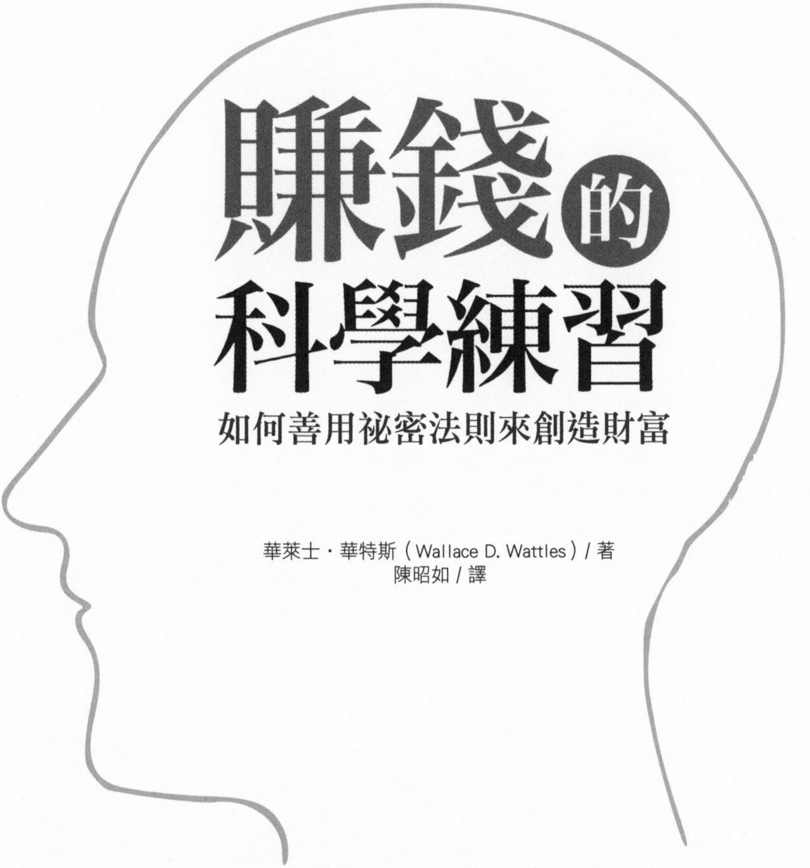

賺錢的科學練習

如何善用祕密法則來創造財富

華萊士・華特斯（Wallace D. Wattles）/ 著
陳昭如 / 譯

New Life 11

賺錢的科學練習：如何善用祕密法則來創造財富

作　　者　華萊士・華特斯（Wallace D. Wattles）
翻　　譯　陳昭如
封面設計　林淑慧
主　　編　劉信宏
總 編 輯　林許文二

出　　版　柿子文化事業有限公司
地　　址　11677臺北市羅斯福路五段158號2樓
業務專線　（02）89314903#15
讀者專線　（02）89314903#9
傳　　真　（02）29319207
郵撥帳號　19822651柿子文化事業有限公司
投稿信箱　editor@persimmonbooks.com.tw
服務信箱　service@persimmonbooks.com.tw

業務行政　鄭淑娟、陳顯中

初版一刷　2018年5月
初版二刷　2021年10月
定　　價　新臺幣280元
I S B N　978-986-95653-2-5

國家圖書館出版品預行編目(CIP)資料

賺錢的科學練習：如何善用祕密法則來創造財富 / 華萊士.華特斯(Wallace D. Wattles)著；陳昭如譯. -- 一版. -- 臺北市：柿子文化, 2018.05
面；　公分. -- (New life ; 11)
譯自：The science of getting rich
ISBN 978-986-95653-2-5(平裝)

1.成功法 2.財富

177.2　　106024488

你能獲得財富的多寡，
將由你願景的清晰度、決心的堅定度、信心的穩固度，
以及感謝的深刻度來決定。

國內推薦

奇蹟並不難發生！

許耀仁　零阻力（股）創辦人／總經理

在思索該如何為這本書《賺錢的科學練習》作文推薦時，我彷彿走了一趟時光隧道，回到十多年前……

「太誇張了！這本一百年前的書才八十八頁，居然把我這些年學的，跟『成功』有關的心法、做法全部都包含進去了！」（PS.當時拿到原文書時，整本只有八十八頁。）

這是當年第一次讀完這本書時的第一個念頭，而基於好東西一定要分享給好朋友的立場，我逢人就推薦這本書，可是得到的回應總是：

「英文的，看不懂啦～」

可是，我實在太愛這本書了，覺得這麼少人知道這本書實在太不應該，便起了個念頭，重操舊業再執譯筆，把它翻譯成中文，自己找了廠商印刷成冊，除了分享給朋友之外，也上網銷售。

「這麼好（又這麼有哏，失落百年的經典耶！）的東西，應該很容易就可以賣很好吧。」我這麼想。

然而，即便這是一本作者敢斬釘截鐵地告訴你「每個人只要按照本書的指示去做，絕對可以致富，因為這裡所述說的是相當精密且精準的科學，絕對不會失敗」的書。

我碰到的情況，卻是堆起兩三個人高的一千本書在家裡，丟也不是、賣又賣不掉的困境。

就這樣跟這堆書每天大眼瞪小眼，相處了一年多（再加上諸事不順）之後⋯⋯

窮途末路下，我才真的如後來很紅的《祕密》說的，開始「觀想」我想要的生活（其實，就是這本書作者說的：「人可以在思想中形塑事物，而且可以將這樣的思想傳達給無形物質，進而創造出思考時所想像的東西。」），也才真的開始拿個小本本寫下每天值得感謝的事物（就是這本書的第七章：感謝）等等。

簡單說，雖然我老早就讀過、甚至還翻譯了這本啟發了《祕密》的書，但直到這時，我才真的開始照著作者在書裡面寫的那套「科學」去做。

而當我真的這麼去做之後沒多久，狀況就有了一百八十度的改變！

比如一些奇蹟般的怪事開始發生，不僅讓我的存貨快速清空，還需要加印再加印。比如一連串意料外的際遇，讓出版社主動找上門，說要出我翻譯的版本，也帶來了我人生的第一桶金。

還有很多很多……

從時光隧道重返現實，現在純粹以讀者的身分，透過不同譯者的演繹，再次重溫了這個「致富的科學」。

這些法則是否存在？其實已有毋庸置疑的結論。

買這本書、細細閱讀，然後……真的照著去做，你會發現，「奇蹟」並不那麼難發生！

獲取金錢，是一場修行

李雅雯（十方）《我用菜市場理財法，
從月光族變富媽媽》作者

當你打開這本書，代表你心裡渴望有錢。

在致富的路上，我們摸索很多年；常常感到失望，常常力不從心，但在內心最深最深的底部，你感覺到，並不甘心。

是什麼造成區別？到底為什麼，別人賺得到，我就賺不到？

《賺錢的科學練習》裡，透露了巨大的祕密——Money is an idea——「致富」

來自「意志」。

一個人，只要慷慨大度、創造繁盛，就是與宇宙韻律合拍；與金錢律動合拍；念念增長，水到渠成。

如果你有致富的願望，就必須專注，專注你的念頭，揀擇你的想法，正確地思考、給予，擴充你的價值。不要壓抑渴望，不要壓抑欲望，去得到美好、新奇、可愛的東西。

追求快樂，是人生的意義。你應當以自我為中心，賺足夠的金錢，享用金錢，保持身心健康，體驗繁盛。

看完這本書，讓自己重整！像電腦「重灌軟體」一樣，讓我們重建信念！

切記，不管以什麼方式賺錢，都是為了過得更好、更充實，沒有恐懼、沒有擔憂，達到內在與外在的和諧。

獲取金錢，是一場人間道的修行，看完《賺錢的科學練習》，你將會心一笑，有所領悟。

祝福你。

國外推薦

我發現了一個極大的祕密——生命的祕密。我在女兒海莉給我的一本百年古書《賺錢的科學練習》中發現了它。我不禁問自己：「為什麼不讓所有的人都知道呢？」一心中充滿與世人分享的強烈渴望……

——《祕密》作者朗達・拜恩

如果你有幸讀過《賺錢的科學練習》，卻沒有被洗腦，也沒有成為富人，那可真是一件人生的憾事。

——福特汽車公司總裁亨利・福特

財富教育的第一本勵志書。

——暢銷書《心靈雞湯》作者馬克・韓森

談到財富，你不能不提到華萊士・華特斯。

——《思考致富》作者、著名勵志大師拿破崙・希爾提供了許多實用方法，讓人的身心達到協調一致的境界，藉以建立人與宇宙能量之間的溝通管道。他的哲學不支持為了成功而去競爭、欺騙或控制他人，而是鼓勵彼此合作，可說是一套柔和的成功哲學。

——《出版人週刊》

除非你一直在一塊石頭下面生活很長的時間，否則你極有可能知道《祕密》，這部感覺很棒的電影已經使「吸引力法則」變成家喻戶曉的名詞。但是《祕密》的背後卻存在著一位差不多一百年前去世的人——華萊士・華特斯。

——卡里・克利蒙特

在今天權利高張的思想文化中，快速致富的方案形成優勢，吸引力和祕密法則被錯誤的應用，但是，這本書在此文化黑暗中卻可作為一個燈塔。它講的是真相與智慧，並為那些能夠閱讀、接受並遵循其可靠指導的人提供了無限希望。

華萊士・華特斯所撰寫的《賺錢的科學練習》是用一種看似古老的語言寫成，

現在看來像是古代的歷史，但這本書的預言性質使它永恆不變，更適用於當前的文化和你的生活，而不是那些在一九一〇年首先讀到的人。

甚至於，在我讀完這本小冊子後，我感覺到了一種平靜和清晰的感覺：我不再需要爭取我想要的東西；我不再需要急於打敗其他人；我不再需要擔心資源對我或其他任何人來說是否都不夠……事實很簡單，如果我按照華特斯先生的方法，我就能創造出自己想要的生活。

而這正是從那一刻起，直到現在的這一切。我的財務和全球業務方面均有所增長；我對自己的能力更有信心；我的關係更加強大，新的關係以我從未預見的方式產生。簡而言之，透過應用本書所教導的原則，我正在發財！

華特斯在一九一〇年出版這本書的時候，我確信他是為後代和未來的引導者寫了這本書。在這樣的時刻，我鄭重地向你介紹《賺錢的科學練習》。

——布魯斯・凡・霍恩（當代作家、演講者、老師和教練，《不再擔心了！》一書作者）

前言

這是一本很實用的書，而不只是哲學性的空談而已；它是一部實用的手冊，而不單單只是一堆理論的論述而已。

這本書是專門為那些迫切想獲得金錢，並在確實致富後，才想進一步進行哲學性探討的人所寫；也是寫給那些找不到時間、方法與機會進一步探討形上學，卻想得到解答，以及未能深入研究既有結論，但願意以科學結論作為行動基礎的人。

我希望讀者能基於信心來接受這本書的觀點，就像是相信愛迪生或馬可尼[1]為電流法則所發表的聲明一樣；並且在沒有恐懼或遲疑的情況下，透過具體的行動，來證實書中所說的這些事實。

每個人只要按照本書的指示去做，絕對可以致富，因為這裡所敘說的是相當精密且準確的科學，絕對不會失敗。然而，對於想探討哲學理論的人來說，這裡所陳述的也是既安全又合乎邏輯的真理，之後我將引述幾位權威人士的說法，並進一步作說明。

宇宙一元論指出：一是全部（One is All），而全部就是一（All is One）。這個來自印度教的觀念指出，宇宙本體可化現為物質世界的各種元素，而這種觀念在過去兩百年來，已逐漸被西方世界所接受。所有的東方哲學，以及蘇格拉底、史賓諾沙❷、萊布尼茲❸、黑格爾❹、叔本華❺及愛默生❻的哲學，都是這麼主張的。

若讀者想進一步鑽研這個哲學基礎，可以閱讀黑格爾及愛默生的作品。

我在撰寫本書時放棄了其他考量，而在風格上力求平實簡單，淺顯易懂，以便於讀者能夠理解。同時，我在擬定這個行動計畫時，是從經過徹底檢視、實證得到證實的哲學結論開始追溯起，而其結論在在證明，它確實有效。

如果你想知道這個結論是怎麼得出來的，請參閱前面提到的幾位作者的作品；而如果你想透過實際演練獲致他們的哲學成果，請閱讀本書，並確實按照書上的指示去做吧！

華萊士・華特斯

❶ 古列爾莫・馬可尼（Guglielmo Marconi），義大利工程師，專門從事無線電設備的研製和改進。

❷ 史賓諾沙（Baruch de Spinoza），他認為宇宙只有一種實體，也就是整體宇宙本身，而上帝和宇宙是一樣的。

❸ 萊布尼茲（Gottfried Wilhelm Leibniz），哲學家、數學家，被譽為是十七世紀的亞里斯多德。

❹ 黑格爾（Georg Wilhelm Friedrich Hegel），哲學家，唯心哲學代表人物。

❺ 叔本華（Arthur Schopenhauer），哲學家，他認為人的意志是獨立於時間和空間的，同時亦包括所有的理性與知識。

❻ 愛默生（Ralph Waldo Emerson），美國思想家，強調人與上帝之間的直接交流和人性中的神性，理論具有強烈的批判精神。

目錄

Contents

Contents

Contents

Chapter1
有錢的權利

一個人只要能夠使用並享受更多的財富，就不該只因為擁有少許財富，便感到心滿意足。

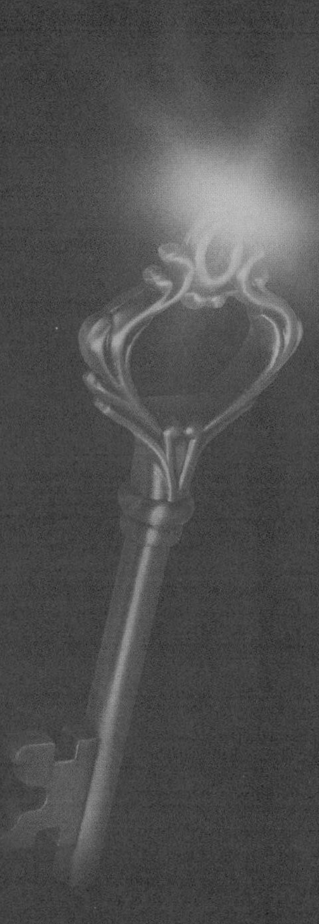

雖然有很多人稱頌貧窮，但事實上，如果沒有錢的話，就無法擁有完整或成功的人生。人如果沒有足夠的錢財，確實是很難發展自身的才能，或者將靈性開發到最高境界；因為無論是開發靈性或發展才能，都需要許多物品來輔助，而這些物品都必須以金錢才能購得。

人都必須藉由運用許多事物，才能發展其心智、靈魂與身體，但在現今的社會結構裡，除非你有錢，否則就無法擁有這些事物。所以，「致富的科學」可以說是人類一切進步的基礎。

擁有財富，生命才得以完整

一切生命的目標都是為了順利發展下去，所以任何具生命的事物都有不可被剝奪的發展權利，也才得以生存下去。

而人類賴以生存的權利，便是自由且毫無限制地使用可以讓身、心、靈完全開展的事物；也就是說，人類有致富的權利。

我在本書中，將不從數字的角度來討論財富。真正的富有，不是擁有一點錢就會感到滿足或甘願。所以，一個人只要能夠使用並享受更多的財富，就不該只因為擁有少許財富，便感到心滿意足。

自然萬物的生存目標，是希望生命能獲得完美的進步與發展，因此，每個人都應該擁有更有力、更優雅、更美麗、也更富足的生命。擁有很少卻感到滿足則是一種罪過。

能夠擁有一切生命中想擁有的人，肯定是富裕的。這意思是說，無法擁有財富的人，便不可能擁有所想要的一切事物。

現代社會生活的發展已經變得相當複雜，就某個程度來說，即使是一個最普通的人，也需要大筆財富才能讓人生活得完整。

當然，人人都想變成自己想成為的人，這種實現內在期待的渴望，是人類與生俱來的天性；其實，每個人都想變成所想成為的一切。而我們所定義的「成功」，便是成為你想成為的人。

但是，除非你能夠擁有並自由地使用各種資源，才能達致這樣的目標，前提是，你必須擁有足夠的財富，才能購買並擁有這些資源。所以，了解並擁有「致富的科學」知識，正是你最需要的。

渴望有錢並不是罪惡。致富的欲望，便是渴望能擁有更富裕、更完整、更豐富的人生；而這樣的欲望，是值得稱讚的。反過來說，不希望過得更好的人才是不正常的，如果有人不想要獲得更多的錢買想要的東西，那真的是一點都不正常。

真正的滿足

人生在世，有三個生存動機：

- 為了身體的發展而活；
- 為了心智的發展而活；
- 為了靈性的發展而活。

沒有任何一個動機比其他的動機更美好或神聖，它們都是我們的渴望；而身、心、靈三者也無法單獨完整地存在，否則將阻礙生命的完整與展現。否定心智或身體的存在，只為了靈性而活，既不正確也不高尚；否定身體或靈性的存在，而只為了知識而活，也不正確。

我們都很清楚，如果只為了肉體的生存，而否認心智與靈性，其後果將會如何。我們知道，真正的生命必須透過身、心、靈才能充分且完整地表現出來。

無論一個人怎麼說，除非他的身體功能健全，而且心智與靈性亦同樣健康，否則便無法擁有真正的快樂或滿足。只要有任何可能性無法表現出來，或身體的機能無法運作，就會產生無法滿足的欲望。也就是說，欲望就是可能性在尋求表現、或身體的機能在尋求展現的機會。

如果沒有良好的食物、舒適的衣服、溫暖的住家及避免工作過度的自由，身體便不能完整地健康活著。因此，休息與娛樂對身體都十分重要。

心智則不能缺少書籍，或沒有閱讀的時間，或缺乏旅行及觀察的機會，或欠缺知性的夥伴。

完整的心智必須要有知性的娛樂，因此，不妨常置身於可供使用並欣賞的藝術及美的事物中。

完整的靈魂必須擁有愛，但是愛會因貧困而無法表達出來。

一個人最大的快樂，就是發現他對所愛之人有給予的能力；自然、主動的給予便是愛的表現。一個無法給予的人，便無法成為一個丈夫、一個父親、一個公民，甚至是一個人。因此，任何人都必須藉由物質的利用，才能讓身體獲得滿足，繼而發展心智，然後開展靈性。

有錢的重要性真是不言可喻啊！

擁有想要致富的念頭一點錯都沒有，只要是人，都該如此。你應該全心全力投注於「致富的科學」的學習，因為這是人類最高尚、也最需要的知識。如果你忽略了這項知識，就是對自己、對神、對全人類不負責，而回報神及全人類的最好方法，便是盡己所能，達致完美的境界。

Chapter2
致富的科學

「致富的科學」是個自然法則，就像種什麼因，得什麼果。任何人只要學會按照這個法則去做事，絕對可以致富。

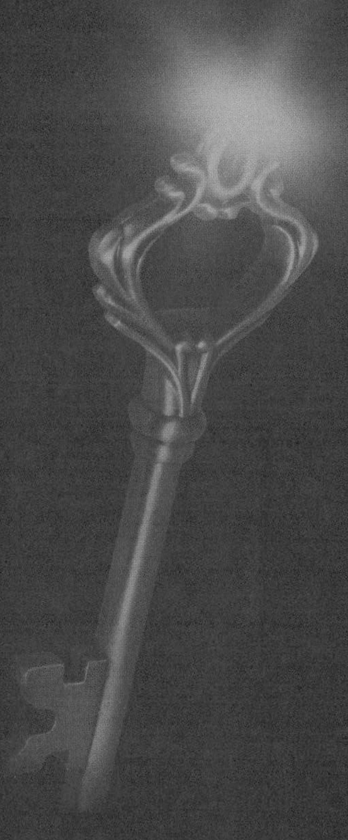

The Science of Getting Rich

有一種讓人致富的科學，就像幾何學或數學一樣明確。這些獲得財富的步驟，雖然受到某些特定法則的規範，但只要學會這些法則並照著去做，就一定可以變有錢。

唯有透過這些特定的法則，才能夠擁有金錢與資產。也就是說，只要按照這個特定法則去執行，無論是有目的或無意識地進行，都可以讓人致富；如果不按照這個特定法則去做，則無論怎麼努力工作或能幹，也不可能讓人變有錢。

有錢是按照特定法則行事的結果

「致富的科學」是個自然法則，就像種什麼因，得什麼果。任何人只要學會按照這個法則去做事，絕對可以致富。

根據以下的事實，便可證實上述所言：

致富與生活環境無關，如果有關的話，那麼所有住在同一地區的人應該都會成為富人；所有住在同一個城市的人都會有錢，而住在其他城市的人卻會貧窮；或者某個國家的人民財富滾滾而來，而鄰近國家的人民卻普遍性地窮困。

然而，無論在哪裡，我們卻常常發現，富人與窮人往往比鄰而居，更有人身處同樣環境、從事同樣行業，結果卻大不相同。如果有兩個人住在同一個地點，從事同樣的工作，其中一人變有錢，另一個人卻變很窮，這就可以說明，致富基本上與環境是無關的。有些環境確實比其他環境有利，但兩個從事同樣工作、住在同樣環境的人，一個變有錢，另一個卻沒有，就足以表示致富其實是按照某種特定法則做事的結果。

進一步來說，按照這個特定法則來做事不能只憑恃個人的才能，因為很多有才能的人其實都很窮，而有些沒什麼才能的人卻很有錢。

研究成功致富的人發現，有錢人在許多方面都很普通，不比其他人擁有更多的才華或能力。所以很顯然的，**有錢的人致富不是擁有別人缺乏的才華與能力，而是剛好按照某個特定法則去做事的結果。**

努力存錢或吝嗇也不可能致富，因為許多小氣的人都很窮，而隨心所欲花錢的人卻很有錢。

致富也不是做了什麼其他人做不到的事，因為從事相同工作的人，他們做的事往往是相同的，但有人變有錢了，有人卻還是很窮，甚至是破產。

從以上的諸多事實我們可得出一個結論——致富是按照某個特定法則去做事的結果。

誰才能真正致富？

可能有人會問，這個特定法則是不是很難，只有少數人才做得到？事實不然，至少就我們目前所知，只要具有一般能力就夠了。或者可以這樣說：

- 有才能的人可以致富，笨蛋也可以致富；
- 卓越的精英可以致富，特別愚蠢的人也可以致富；
- 身強體壯的人可以致富，體弱多病的人也可以致富。

此外，我們已經知道，致富與環境無關。或許某些地點對某些事很重要，但是，一個人恐怕很難在撒哈拉沙漠中央發展出成功的事業吧。

與任何人交往或生意往來，不論是在哪裡跟人打交道，有錢都是必須的。如果你不希望有任何事物阻礙了你的社交關係，那麼愈有錢就會愈方便。

而就環境因素來說：

- 如果你住的地方有人致富，你也可以；
- 如果你的國家有人致富，你也可以。

我再說一次，致富與你選擇什麼行業無關。即使很多有錢人分布在各行各業，然而住在他們隔壁、從事同樣事業的鄰居卻仍然貧窮。

當然，如果你能找到一個喜歡且適合的行業，便能在工作上盡情發揮。如果你有特殊的才能，便可在需求此類才能的事業工作中，全力表現，發揮所長。

此外，如果你的工作或事業適合你所在的地方，也能大展鴻圖，比如在比格陵蘭島暖和的地方賣冰淇淋，肯定可以做得更有聲有色；而在美國西北地區捕撈鮭魚，也一定會比沒有生產鮭魚的佛羅里達更為成功。

除了這些一般性的限制外，致富與否並非取決於你特別投注於哪些行業，而是取決於你是否學會了使用特定法則來做事。如果你是個生意人，而同一地區所有與你做同樣生意的人都變有錢了，惟獨你沒有，那就是因為你沒有按照與其他人同樣的法則來做事。

沒有人會因為缺乏資本而無法致富。因此，當你有了點資本，就能更容易且加快致富的速度；而已經擁有資本、也很有錢的人，根本就不用考慮如何致富。而且，無論你有多窮，只要按照特定法則來做事，就會開始變有錢，並擁有資本。

擁有資本是致富過程的一部分，這也是按照特定法則來行事的必然結果。

你現在可能是全國最窮的人，還欠了一屁股債；你也可能沒有朋友、沒有影響力、更沒有資源。但是，只要你開始使用這個方法，絕對會變有錢，就像因果定律一樣：

- 如果你沒有資本，將會得到資本；
- 如果你從事錯誤的行業，將會轉入正確的行業；
- 如果你待在錯誤的地點，將會轉到正確的地點。

只要你在目前所從事的行業及環境開始按照特定法則來做事，就一定會獲致終極的成功。

Chapter3
機會被壟斷了嗎？

絕不會有人會因為大自然的匱乏或資源分配不足，而陷於貧困之中。

迎著潮流，讓機會為你而開

沒有人會因為機會被剝奪，或因為其他人壟斷了財富之路，讓自己與財富無緣而陷入窮困之境。就算機會被壟斷，你可能不得不放棄經營很久的生意，但總還是會有其他的可能性向你敞開。

舉例來說，如果你是一個鐵路商，或許對你來說，管理一個龐大的鐵路系統很辛苦，而且還是個高度壟斷的行業；但是，電氣化鐵路正處於開發初期（編註，本書第一版於一九一〇年出版發行，時值鐵路電氣化發展階段），預計將可提供大量的工作機會；但相信不要幾年時間，空中交通及運輸將成為主流，相關產業也將釋出成千上萬、甚至上百萬個工作機會。所以，為什麼你不把注意力放在空中運輸的發展，放棄跟J・J・希爾❼及其他蒸氣鐵路商的競爭呢？

又如果你是個在鋼鐵公司工作的工人，確實沒什麼機會可變成老闆。但如果你開始運用特定法則來做事，很快的，你就會離開鋼鐵公司了。你或許可以買下一個十至四十英畝的農場，開始從事農產品的生產。以目前的時機來說，在一小片土地上密集耕種是個很好的機會，這樣做肯定會致富。

你可能會說，你不可能擁有土地，但我要向你證明，這不是不可能的事，只要你按照特定法則做事，絕對有可能擁有土地。

每個時期的機會潮流，都是根據整體大眾需求及社會演變的特殊階段，而朝不同的方向發展。目前美國正朝向農業與產業、專業聯盟的階段發展。如今，機會出現在生產線的勞工眼前，出現在過去提供物資給工人、如今提供給農人的商人眼前，而專業人員則忙著服務農人，不像過去只忙著服務勞動階級。

❼ J・J・希爾（J.J Hill），他在一八八三至一八八九年建造了從明尼蘇達州到威斯康辛州和橫跨北達科他州到蒙大拿州的鐵路，成為「鐵路大富翁」。

所以，只要順著潮流，而不是逆著潮流走，就會有大把的機會。

勞工也能成為管理者

而不論是勞工個人或整個勞工階層，機會其實都沒有被剝奪，勞工沒有被雇主「壓制」，也沒有被企業及聯合資本「限制」，他們之所以停留在原來的階層，是因為沒有按照特定法則來做事。如果美國的勞工按照這個特定法則來做事，就會像比利時及其他國家的勞工一樣，建立起大型百貨公司及企業聯盟，他們還可以選派自己的人馬擔任工職代表，通過法律促進有利於企業聯盟的發展，幾年之內，就可以在這個行業佔有一席之地了。

勞動階層絕對可能變成管理階層，無論他們開始使用這個特定法則時是什麼身分。這個致富法則對他們或對其他階層的人來說都是一樣的，但如果他們持續按照原來的方法做事，就會一成不變地維持現狀。

因此，個別勞工不會因無知或懶惰而保不住工作，仍然有機會可隨順潮流而致富，本書將揭露其中的祕密。

沒有人會因為資源匱乏而貧困

沒有人會因為財富供應的短缺而貧困，事實上，每個人都可以得到比需求的多更多。全世界每個家庭都可以利用美國生產的建材，打造出像華盛頓州議會大廈般雄偉的建築；而只要努力密集地栽種、養殖，美國便能生產足以供應全球衣著所需的羊毛、棉、麻及絲，讓每個人的穿著遠勝於索羅門王輝煌時期的盛況；同時，這個國家也能提供充分的食物餵飽世界上每個人。

這種看得到的資源是沒有窮盡的，而那些看不見的資源，更是用之不竭。

你在世上看到的一切，都是來自一個本體（Original Substance），全世界的萬事萬物皆是由此而來。

新的物質形態不斷地被製造出來，而舊的物質形態則逐漸消逝，然而，這一切都是由本體創造出來的，只是型態不同罷了。

無形物質（Formless Stuff），或說是本體的物質，其資源供應是無限的。本體物質創造了宇宙，但創造宇宙並沒有將此物質完全用盡。在有形宇宙的空間之中，處處瀰漫著這種物質，它們沒有形狀，是構成一切事物最初始的原料。然而，就算原料製造出比目前還多數萬倍的有形事物，而且還在持續不斷製造中，這宇宙原料也是用之不盡的。

因此，絕不會有人會因為大自然的匱乏或資源分配的不足，而陷於貧困之中。

大自然是取之不盡的財富儲藏庫，可以提供源源不絕的資源。那本體充滿創造性的能量，並不斷地製造出更多有形的事物。當建築材料匱乏時，就會有更多材料被製造出來；當土壤枯竭，讓食物或衣服原料無法生長時，土壤就會恢復生機或產生更多土地；當地球上的金礦與銀礦被開採殆盡，而人類社會的發展仍處於需要金與銀的階段，就會從本體物質中生產出更多的金與銀。這個無形的本體會隨時回應人們的需求，不會讓我們無法擁有那些美好的事物。

對人類整體來說，一直都是如此：人類這個物種經常是富足的，即使有些人很窮，那也是因為他們沒有按照可以致富的特定法則去做事。

無形物質是有智慧的，祂會思考——

● 祂不僅充滿了活力，而且永遠激勵著更多的生命向上提升。

● 祂是追求更好生活的生命鼓勵者。

● 祂會自行擴展智慧的本質，並有意識地延伸界線，而將此本質更充分分地展現出來。

宇宙的一切都是由無形、有生命的本體所創造，而祂為了充分展現自己，便以有形的形態展現出來。

宇宙是一個偉大、有生命的存在，而且總是朝向獲得更完整生命與更充分機能的目標在發展。

大自然是取之不盡的財富儲藏庫，可以提供源源不絕的資源。

大自然是為了生命的發展而形成的，推動其發展的驅力，就是生命的增長。因此，只要是有助於生命增長的一切事物，祂都會充分且無匱乏地供應。除非神自我矛盾，否定了自己的所有創造，否則這世界是不會匱乏的。

你不會因為缺乏財富的供應而陷入貧困。這是一個事實，我將進一步證實這個事實——亦即無形供應的資源，是受到人們以特定法則行動及思考所控制。

Chapter4
致富科學的第一原則

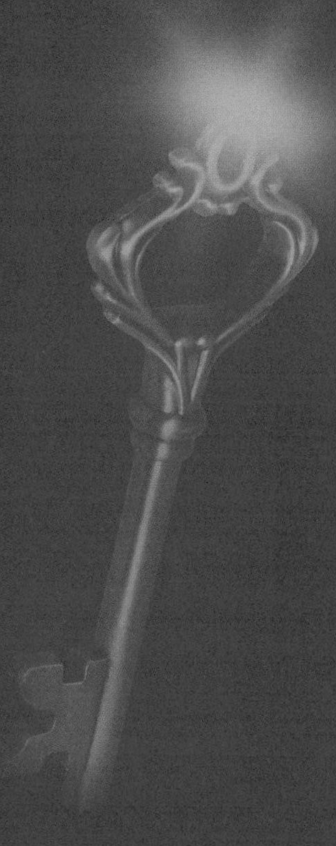

萬事萬物都來自一個會思考的物質，而它的初始狀態瀰漫、擴散，充滿在整個宇宙之間。這個物質的思想，能夠將思想所產生的意象具體化。

思想是唯一能從無形物質中製造出有形財富的力量。世界上的萬事萬物，都是經由那些會思考的無形物質所構成，而它們正是透過思想，製造出實體的物質來。

思想創造了一切

本體是依據其思想來運作的。你在大自然中所看到的各種形態及過程，都是本體思想的具體表現，當無形物質在思考某種形態時，就會表現出那種形態；當其思考某個動作時，就會表現出那個動作。這就是一切事物被創造的過程。

我們活在一個由思想所創建的世界，而它僅僅是思想所創造的宇宙的一部分。

讓宇宙運行的思想是透過無形物質來拓展延伸，而思考物質（Thinking Stuff）即根據行星系統的宇宙形態及維持此形態的思想來運作。所以，思考物質是根據思想決定了形態，而後根據思想來運行。

太陽及世界的運轉，就是按照這個以環繞系統的思想理念而運行，只因為思想採用了太陽及世界這樣的形體，並在思考時讓它們得以運行。想想，一棵成長緩慢的橡樹，必須經過幾百年才能長成目前這個形狀。因為無形物質在創造萬物時，其運作是根據一種特定路線，所以產生橡樹的思想時，不會馬上形塑出成熟的橡樹形態，但它會產生成長的驅力，讓橡樹根據特定的路線成長。

因此，任何一種形態的思想都會導引出一種物質的創造，但此形態的創造，總是或至少是根據某種特定的成長或行動路線而運行的。

就比如一棟特定結構房屋的思想，要是能傳達給無形本體，或許無法立即製造出一棟房屋，但一定會產生轉化的創造性能量，在貿易或商業方面製造出可快速建造房屋的管道。如果創造性能量沒有特定使用的管道，那麼房屋就會直接由原始物質形塑出來，不用等待有機及非有機世界緩慢的創造過程。

也就是說，任何形態的思想只要印刻在本體上，必然會創造出相對應的物質。

人是思考的中心，也是思想的發源中心。所有透過人類雙手創造出來的物質形態，都必須先存在於思想之中。也就是說，除非人在思考那樣東西，否則就無法塑造出那樣東西。

目前人類仍將工作能力限縮在雙手上，慣於使用手工來創造世界的形態，並試圖改變或修正已經存在的事物，卻從未想過將思想傳達給無形物質，來製造全新的形態。

一旦有人在思想中產生了物質形態，就能從大自然中獲取材料，並依照內心的意象，形塑出這個物質形態。但目前人類很少、或從來沒有與無形的智慧——「天父」（Father）合作。人類作夢也沒想到，他也可以做到「父所做的事」（《聖經・約翰福音》5:19）。

人可以透過雙手的勞動，重塑並修正各種現有存在的物質形態，卻沒想過可以透過思想，從無形物質中來創造事物。我們可以證明每個人都能做到這一點，並證明任何人都做得到，同時也將說明如何可以做到。

三個基本主張

第一步，我們必須提出三個基本主張。

首先，我們認為有一種初始無形物質或本體的存在，一切都是由它而來。所有看似不同面貌的元素，都是來自這個單一元素；也就是說，大自然一切有機或非有機不同形態的存在，都是來自一個相同的物質。

其次，這個物質是一種會思考的物質，擁有思想，並可根據思想生產物質。也就是說，在這個思考物質中，思想會產生形狀。

第三，人是思考的中心，具有產生原始思想的能力；如果能夠讓思想與那思想的本體進行溝通，就可以獲得利用思想所創造的各種創造物、形態或事物。

總結來說：

- 萬事萬物都來自一個會思考的物質，而它的初始狀態瀰漫、擴散，充滿在整個宇宙之間。

- 這個物質的思想，能夠將思想所產生的意象具體化。
- 人可以在思想中形塑事物，而且可以將這樣的思想傳達給無形物質，進而創造出思考時所想像的東西。

或許有人會問我，如何能證明這些說法？我不用詳談細節，但可以從邏輯與經驗方面來回答這個問題。

我是從形態與思想現象往回推論，而得出一個結論：有一種原始思考物質的存在。再從這種思考物質去推論，又得出的結論是：人可以透過思想，將想像的事物具體化。

同時透過實驗，我發現這樣的推論是合理的。這是我最有力的證據！

只要有一個人讀了這本書，並根據書中的指示去做而致富，就足以證明我的主張是對的。

如果每個按照本書指示去做的人都致富，那麼，除非有人依照同樣的方法去進行後結果卻失敗，否則就可以證明我的主張是正確的。

也可以說，只要這個方法一直有效，這個理論就是正確的。而我確信這個方法是正確的，因為只要有人按照本書的指示去做，就絕對可以致富。

我說過，只要按照特定法則去做事，就一定能致富。而為了做到這一點，就必須以特定法則來思考。

一個人的思考方式，會直接影響他的做事風格。

人可以透過思想，將想像的事物具體化。

思考事實，而非表象

如果想按照自己的方式做事，就必須學習如何正確的思考。這是朝向致富的第一步。

所謂按照正確的方式思考，就是不顧表象，只思考事實。

每個人都具有與生俱來思考事實的能力，但這麼做需要非常努力，因為不只是做表象的思考而已。根據表象來思考很容易，但不顧表象而只思考事實，卻是很費力的事，甚至需要耗費比做日常其他事更多的力氣。

對大部分的人來說，都寧可進行體力勞動，也不願進行長時間的思考，因此，思考可以說是全世界最困難的工作，尤其是在事實與表象全然相反時，就更加困難了。很多時候，我們很容易相信肉眼所看見的表象，所以只有掌握並了解事實，才能避免被表象所誤導。

如同你看到疾病的表象時，你的腦海裡就會產生疾病的形態，進而讓身體產生疾病，除非你掌握了事實真相——根本沒有疾病發生。疾病只是一個表象，而事實是，你很健康。

因此，除非你了解貧窮不是事實，並將貧窮視為表象，否則你的內心就會相信貧窮。而事實是，世上沒有貧窮，只有富裕。

當你身邊環繞著疾病表象時，你便需要力量來幫助自己思考健康；當你處於貧困狀態時，你就需要力量來幫助自己思考財富。一旦能獲得這樣的力量，便能全然的掌控心智，對抗自己的命運，擁有想要的一切。

而想要得到這樣的力量，就必須掌握一個隱藏於所有表象背後的基本事實——有一種思考物質的存在，而萬事萬物皆是由祂而來。

然後我們必須了解一個事實：這個思考物質裡的每一個想法都能化為具體實物，而人可以將自己的思想傳達給這個思考物質，讓這個思想成形，變成具體可見的事物。

了解這點之後，就可以拋棄一切的疑慮與恐懼，因為我們可以創造出自己想要的東西，得到想要的事物，成為想要成為的人。

通往有錢的第一步，就是必須相信前面提到的三個基本主張。為了強調其重要性，我在此再重述一次：

- 萬事萬物都來自一個會思考的物質，而它的初始狀態瀰漫、擴散，充滿在整個宇宙之間。

- 這個物質的思想，能夠將思想所產生的意象具體化。
- 人可以在思想中形塑事物，而且可以將這樣的思想傳達給無形物質，進而創造出思考時所想像的東西。

你必須拋下宇宙的其他觀念，相信並牢記這裡所告訴你的一切，並將之成為你的慣性思考。

請不斷閱讀這些主張，將其深深地刻在腦海裡，且深深思考這些話語，直到內心堅信這些主張為止。如果有所懷疑時，請把它當成罪過丟在一邊。

不要聽信任何關於這個觀念的爭論，不要前往聽取傳授或教導與此相反觀念的教堂或演講；不要閱讀傳授不同觀點的雜誌或書籍。一旦你的信念混淆了，那麼一切的努力都將白費。

不要問為什麼這些主張是真的，也不必思索它們怎麼可能是真的，只要簡簡單單地接受即可。

致富的科學，就是從全然接受這個信念開始。

Chapter5
生命的增長

所有的生命永遠都在尋求增長的機會，因為若要生存下去，就必須如此。

你必須放棄那些老舊的觀念，就是神「認為你應該」很窮，或者祂的旨意就是讓你處於窮困。

生命獲得提升是本能的渴望

智慧體（Intelligent Substance）就是一切，祂存在於萬事萬物之中，也存在於你的內在，這種物質是有意識的生命體。每個生命智慧體都有讓生命獲得提升的渴望，這是與生俱來的天性；而每個生命體也都在不斷地尋求自我的擴展，這是為了要生存下去，所以才必須尋求任何增長的可能。

一粒種籽掉在土壤裡會發芽，在這樣的生存過程中，它會製造出更多的種籽。其實，這是每個生命為了生存，所以必須不斷地繁衍增長的關係。因此，所有的生命永遠都在尋求增長的機會，因為想要活下去，就必須如此。

同樣的，智慧體也有持續增長的必要。我們腦海裡的每個想法，都會自然地產生出另一個想法，這是因為意識會持續不斷增長的關係；而我們學習的每件事，也都會引領我們去學習另一件事，如此，知識才會持續地增長；我們所培養的每項才能，也會讓心智生出培養另一項才能的渴望。這全都是因為生命有尋求持續增長的強烈欲望，因而驅使我們想了解更多，做得更多，體驗更多。

為了了解更多，做得更多，體驗更多，就必須擁有更多，也唯有擁有更多可以使用的事物，我們才得以學習、做事，並生存下去。因此，我們必須有錢，才能讓生命更為豐富。

致富的欲望是為了豐富生命、尋求圓滿，而每一種渴望，都是源自於生命想有

所表現的機會。想擁有更多的財富，跟植物生長的道理是一樣的，都是生命本身在尋求完整且圓滿表現機會的緣故。

然而，智慧體也必須服從一切的生命法則；祂充滿著想要讓生命更為完整的渴望，而這也是為什麼祂必須創造萬事萬物的原因。

正因為智慧體希望透過你而獲得增長的機會，因此祂會讓你擁有一切你可以使用的東西。

神讓你變得更有錢是神的渴望。祂希望你致富，因為唯有你擁有更多的資源，才能讓祂有所展現，祂也才能透過你而完整地化現。如果你可以毫無限制地掌握生命中的一切，祂便可以在你身上不斷地擴展生命：

- 宇宙渴望你擁有你想要的一切。

- 大自然支持你的計畫。
- 萬事萬物都是為你而存在的。
- 你必須全然地相信這是真的。

然而，你的目的必須與萬事萬物的目的協調一致。

人應該追求身心靈完整的生命

你必須嚮往追求真正的生命，而不只是肉體滿足的愉悅。生命是各項機能的完整展現，而每個人必須恰如其分地完整展現出身、心、靈的各項機能，才算是真正的活著。

如果你只是不想辛苦度日，單純只為了滿足物質欲望而希望有錢，那就不是完整的生命。然而，任何身體機能的展現，也都是生命的一部分，否定身體正常而健康展現衝動的人，也無法獲得完整的生命。

你不該只為了享受精神愉悅、獲取知識、滿足野心、贏過別人、成就功名而想致富，雖然這些都是完整生命中合理的一部分，但單單只為了享受智慧愉悅而活的人，也只是擁有部分的生命，而且永遠無法滿足於自己所擁有的一切。

你也不該只為了有益於別人，為了拯救他人而犧牲自己，或為了體驗慈善與犧牲的愉悅而想致富，因為心靈的快樂也只是完整生命的一部分，並不比生命的其他部分美好或高尚。

你想致富的目的，應該是為了能夠滿足吃吃喝喝的欲望，並能夠愉悅地去吃

喝；也是為了能夠被美麗的事物圍繞，可以到遙遠的地方去觀覽，並餵養你的心智，發展你的知性；你想要致富，更是為了你能愛人、去做好事，以及在幫助世界、發現真理的過程中，能夠讓自己發揮良好的作用。

但是請記住，極端的利他主義並不比極端的自私自利更好或更高尚，因為這兩者都是錯誤的。

請放棄神希望你為別人犧牲、且這麼做能蒙祂喜悅的想法，因為神對人類一無所求。

祂希望你為了自己及他人能盡情地展現自己。如果你能充分地展現自己，要比透過其他方式更能幫助別人。

致富能讓你充分地展現自己、發揮自我。因此，你必須將最好的想法關注在得到財富上，這才是正確且值得稱許的事。

但請記住，那智慧體的欲望是為了獲得生命的提升，祂的運作必須是為了一切生命的擴展與完整，也因為尋求財富與生命同樣重要，所以在追求財富時，祂不會運作出損害生命的事。

也就是說，智慧體能為你創造事物，但不會從別人那裡拿走東西再送給你。

要成為創造者，而非競爭者

你必須揚棄競爭的想法，因為你要做的是創造，而不是去競爭已經創造出來的事物。

你不需要從任何人手中拿走任何東西。

你不需要斤斤計較。

你不需要欺騙或佔人便宜。

你不該讓人以低於應得的報酬來為你工作。

你不需要覬覦別人的財富，或是貪圖別人的財富。沒有人會擁有他不喜歡的東西，而且這些東西別人也拿不走。

你應該成為一個創造者，而不是競爭者。透過特定的法則，你一定會得到想要的東西，一旦你得到時，其他受你影響的人也將擁有得比現在更多。

我知道有人是透過與上述相反的方法而得到財富，在此我必須稍作解釋。

富豪變得有錢，有時純粹是憑藉著獨特的能力，透過競爭而掙來的；有時則是無意識地與本體偉大的目的及行動產生連結，透過工業的發展而致富。洛克斐勒、卡內基、摩根等人以系統化與組織化的方式，讓工業在發展過程中變得更有效率，他們在不知不覺中成了智慧體的代理人，最後也對生命的增長做出極大貢獻。不過，屬於他們的任務就要結束了，他們已經將生產組織化，接下來如何配送的工作，很快將交由其他的人來接手。

這些全方位的富翁就像史前時代的恐龍，他們在演化過程中扮演了必須存在的角色，但是創造他們的力量，同樣也會讓他們消失。記住，這群人不是真正的富裕，根據紀錄，這個階級的人私生活都很可憐，也很悲慘。

透過競爭得到的財富永遠不會讓人滿足，也不會長久。今天這些財富是你的，到了明天可能就變成別人的了。請記住，如果你想以科學及特定法則致富，就必須擺脫競爭性的思考。你隨時隨地都不能擁有「資源的供應是有限」的想法。如果你開始思考一切錢財只與銀行家或其他人「有關」，或是由他們所掌控，而你必須費力地透過法律途徑才能阻止一切，就在那一刻，你便落入了競爭性的思考，創造力也就消失了。

更糟的是，如此可能會阻擋已經開始進行的創造性力量。

你必須了解，深山裡仍有數不盡、尚未被開採的金礦。你必須相信，就算沒有的話，智慧體也會創造出你所需要的一切。

你必須了解，你一定能夠得到你所需要的財富，即使明天需要上千人去發掘新的金礦。

永遠不要只看那些看得見的資源，要把注意力放在無形物質裡的無限財富，並了解，如果你能盡快接受並使用這些財富，它們就會出現在眼前。而且，沒有人可以壟斷這些看得到的資源，阻止你得到屬於你的東西。

因此，在你準備好蓋房子之前，千萬別想著要趕快一點，否則就沒有空地可蓋了，一時片刻都不能有這種想法。不要擔心那些財團企業或聯盟，害怕他們即將控制地球；不要恐懼其他人會「打敗你」，使你失去想要的一切，因為這些事情都不會發生。

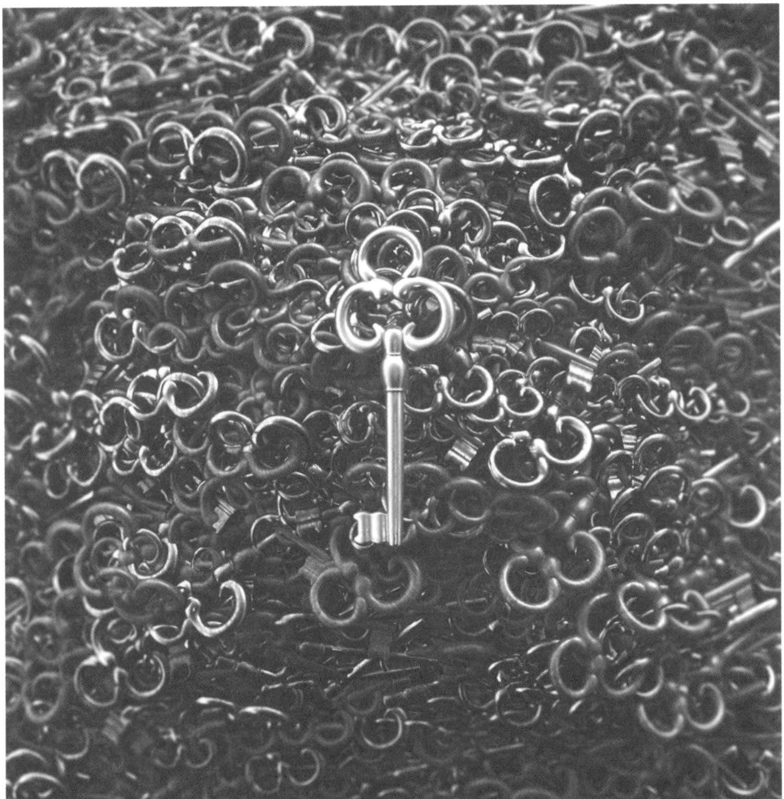

不要只看那些看得見的資源，要把注意力放在無形物質裡的無限財富。

你不是想要其他人的東西，而是透過無形物質創造出想要的東西，而這些資源是沒有限制的。

請確信以下幾個簡單主張：

- 有一種思考物質（智慧體）的存在，萬事萬物皆來自於祂；而且祂的原始狀態能滲入、穿透並瀰漫在整個宇宙之間。
- 這個思考物質中的任何思想，都能製造出思想所想像的事物。
- 每個人都可以透過他的思想塑造出事物，並透過將思想傳達給無形物質，讓他所思考的事物具體化。

Chapter6
如何讓財富找上你

只要你堅持自己的信念——相信擁有財富的欲望，也正是全能的神想展現自己的欲望，你就會擁有無可抵擋的信心。

不只要有獲得，也要讓他人生命可以成長

當我說不必斤斤計較時，並不是叫你不要與人討價還價，或提出超出需要的要求。我的意思是，請你公平地對待他人，不必追求不勞而獲，有時候付出的回收會比獲得的多更多，反而得以致富。

或許你無法提供低於市場的價格，但你可以讓對方得到超過金錢的價值。製作本書的紙張、墨水等材料費，可能低於你所付的書錢，但如果書中的概念能讓你大賺一筆，那麼賣書給你的人並沒佔你便宜，因為他們提供給你極大的價值，而你只付了一點錢。

假設我擁有一幅某大師的作品，這幅畫在已開發國家中價值不斐，但如果我把這幅畫拿到巴芬灣（Baffin Bay），發揮我的「銷售能力」，讓當地的愛斯基摩人

願意以一捆五百美金的毛皮作為交換，那我就錯了，因為這幅畫對對方來說既沒用，也沒價值，對他的生活也沒有任何好處。

而如果我是拿一把槍跟他交換美金五十元的毛皮，對他來說，這就是一筆很好的交易了，因為他用得上那把槍，而且這把槍可以讓他取得更多的毛皮及食物，在各方面都能讓他的生活變得更好，甚至可以致富。

因此，當你從競爭性的世界轉入創造性的世界時，就必須嚴格審視自己的交易行為，如果你所販賣的物品的價值，低於對方付出金錢後所能增加的生活品質，那麼最好別再賣了。做生意不應該害人，如果你現在做的是傷害別人的生意，最好盡快收手。

如果你所提供的物品價值，遠遠超過人們所付的錢，那麼每做一筆生意，就是在提升別人的生活品質。

如果你有員工的話，相信你透過他們所獲得的報酬，肯定遠超過付給他們的薪水。但是，你可以提供讓他們獲得成長機會的計畫，讓期盼成長的員工每天都能有所進步。

你可以讓你的事業為員工做到如同本書為你所做的事。你可以引領你的事業成為某種階梯，讓每位付出心力的員工得以爬上階梯而致富。而如果他們有這樣的機會卻不做的話，那是他們自己的錯。

最後要提醒的是，雖然你可以從周遭的無形物質中創造財富，但這並不表示財富會平空出現。

舉例來說，如果你想要一台縫紉機，不能只在心裡拚命想著縫紉機，然後將這個意念傳達給思考物質，就以為不需要採取任何行動，縫紉機就會自動出現在房間或任何地方。

如果你想要一台縫紉機，就必須在心中想著它的意象，以肯定的態度想像它正在形成，或是朝你而來。一旦這個意念形成後，你必須以純粹毫不懷疑的信心——不論是思考或說話——都想像著即將得到一台縫紉機，就像是你已經擁有了它一樣。

至高無上的智慧體將根據你的心念，透過力量將縫紉機帶來給你。如果你住在緬因州，就可能會有人透過交易將縫紉機從德州或日本帶過來，讓你得到你想要的縫紉機。

而在這整件事情裡，不論是對方或是你，都會得到好處。

不要擔心要的太多

時時刻刻都不要忘記，思考物質能穿透一切，存在於一切，與萬事萬物溝通，同時影響萬事萬物。思考物質對於更豐富的生命及更美好生活的欲望，促成了縫紉機的形成，而且祂可以、也勢必將製造更多，但前提是，人們必須懷有欲望及信心，透過特定法則來行事，才能讓祂的力量付諸行動。

你絕對可以在家擁有一台縫紉機，你也可以想要任何想要的一切，以及能讓自己與他人生命有所成長的事物。

不要擔心自己是否要的太多。耶穌說：「你們的父樂意把國賜給你們。」（《聖經・路加福音》12:32）

本體希望你能活出所有的可能性，並希望你能擁有你可以使用、即將使用，好讓生命能更加豐富的事物。

只要你堅持自己的信念——相信擁有財富的欲望，也正是全能的神想展現自己的欲望，你就會擁有無可抵擋的信心。

我見過一個小男孩坐在鋼琴前，努力想彈出和諧的旋律，卻因為做不到而懊惱不已。我問他為什麼生氣，他回答道：「我可以感受到身體裡有種音樂，但我的手就是彈不出來。」他身體裡的音樂就是來自本體的渴望，蘊含了一切生命的可能性，而這也是那音樂想透過那孩子所要表達的。

神，也就是本體，一直試圖透過人類來體驗生活並享受一切事物。祂說：「我要你們的雙手建造出壯觀的建築，彈奏天堂般的音樂，描繪出華麗的圖畫；我要你們的雙腳為我所差遣，雙眼所見盡是美麗，舌頭訴說著偉大的真理，並頌唱著美妙的詩歌。」

這些都是神透過人們在尋求所有展現的可能。所以，神希望彈奏音樂的人可以擁有鋼琴或其他樂器，好讓他們的天賦發揮到極致；祂希望懂得鑑賞美的人周邊圍繞的盡是美好事物；祂希望能夠領悟真理的人擁有旅遊與觀察的機會；祂希望懂得欣賞衣服的人可以穿得漂漂亮亮；懂得品嚐食物的人可以吃到美味的佳餚……

神讓這一切發生，因為祂創造了一切，而祂也很享受並欣賞著這一切。是神自己想彈琴、唱歌、享受美好、傳揚真理、穿得好、吃得好。保羅說：「因為你們立志行事，都是神在你們心裡運行。」（《聖經・菲利比書》2:13）

你對財富無窮盡的渴望，正是神透過你在尋求展現的機會，正如祂透過那個彈鋼琴的小男孩來呈現，道理是一樣的。

所以，你不必擔心自己想要的太多。你的責任就是專注，並表現出神的渴望。

這一點對許多人來說並不容易，他們仍抱持著老舊觀念，認為只有貧窮及自我犧牲才能得到神的喜悅。他們以為貧窮是神計畫的一部分，是必然的結果。他們認為神已經完成所有的計畫，大部分人必須維持貧窮，因為世上資源已經不足。他們抱持著這種錯誤的想法，以致於羞於要求財富。也因此，他們從不要求超過基本生活所需，只求過得一般舒適就好。

我想起某個學生曾告訴我，他必須在心底清楚地描繪出想要東西的意象，才能將這些東西的創造性思想傳達到無形物質上。那時他沒什麼錢，住在租來的房子裡，身上只有當天賺到的錢，完全無法接受自己擁有財富的事實。

幾經思考後，他決定要求一條毯子，它鋪在最好的房間裡，並要求一個暖爐，在天冷時可用來取暖，這些應該都還算合理。他根據本書的指示去做，幾個月後，他得到一條毯子及一個暖爐，這時他才發現，自己要求的太少了。於是他環顧房子，計畫如何進行全面整修，並在心中描繪這裡該加扇窗、那裡該加個房間，直到心裡完成理想中房子的面貌，而後開始計畫要有哪些家具。

他將這整個畫面銘刻在心裡，並開始按照特定方法生活，朝著希望前進。現在，他已擁有那棟房子，並依照內心所想的圖像重新裝潢。如今的他擁有更大的信心，也開始得到更多、更好的事物。

他按照信心得到所想要的，你也可以，我們每個人也都可以！

Chapter7
感謝

感謝能讓心靈與創造宇宙的能量建立起親近和諧的關係。

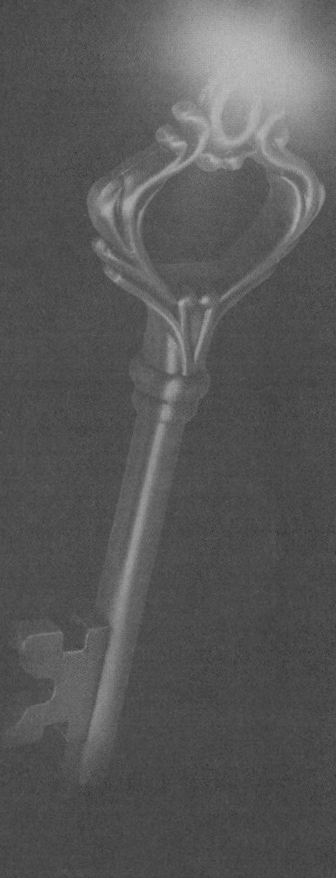

The Science of Getting Rich

透過上一章的說明，相信你已經了解獲得財富的第一步，就是將想要事物的念頭傳達給無形物質。

這絕對是事實，而接下來你將發現，如果要做到這點，必須讓自己與智慧體建立起和諧的關係。

以感謝之心與神連結

建立這樣的和諧關係既關鍵且重要，因此這裡將花點篇幅討論，並提供一些指示。只要照著這些指示，就能與神合為一體，達致和諧關係。

這種心態的調整與彌補過程，可以總結為兩個字：感謝。

第一，你相信有一個智慧體的存在，萬事萬物皆是由祂而來。
第二，你相信這個智慧體能帶給你想要的一切。
第三，你必須透過深切且全然的感謝，才能與祂建立關係。

許多人在生活中做對了一切，卻因缺乏感謝而仍處於貧窮。這是因為他們從神那裡得到禮物，卻因不知感謝而切斷了與祂的連繫。

我們的生活距離財富的源頭愈近，就愈能得到更多財富，這點應該很容易理解。而一個總是對神心存感謝的靈魂，與一個從來不表達對神感謝的靈魂，哪個與神更親近？應該也不難理解。

如果好事降臨時，我們能堅持向至高無上的存在表達更多感謝，就能得到更多美好的回饋，也會更快得到回饋。理由很簡單，因為感謝能讓心靈與祝福的來源更加親近。

感謝能讓心靈與創造宇宙的能量建立起親近和諧的關係。如果這對你來說是個嶄新的觀念，那麼請你好好思考一下，你會發現這是事實。過去你所經歷的一切美好事物，都是根據一套特定法則而來的，而感謝將引導你的心靈，讓它順著這個法則而行，讓你與創造性的思想更親近，同時避免落入競爭性的思考中。

感謝能讓你擁有更全面的觀念，不致落入資源有限的錯誤觀念，或做出危害希望的行為。

這世上確實有種感謝法則，如果你想獲得所尋求的一切，就必須按照這個法則去行事。

感謝的法則是一種自然律，其運作原理就如作用力與反作用力一樣，大小相等，方向相反。

當你的心靈向至高無上的智慧體表達感謝時，心靈會延伸並釋放力量，這個力量會觸及你所感謝的對象，而它的反作用力也會立刻朝你而來。

「你們親近神，神就必親近你們。」（《聖經‧雅各書》4:8），這是心靈真相的證詞。

如果你能強烈且持續地獻上感謝，來自無形物質的反作用力也會同等強烈而持續，你想要的一切也會永遠朝你而來。請注意耶穌感謝的態度，他總是說：「父啊，我感謝祢，因為祢已經聽我。」（《聖經‧約翰福音》11:41）若是沒有感謝的心，將無法擁有更大的力量，因為感謝能讓人持續與至高無上的力量維持關係。

把心放在美好事物上

但是，感謝的價值不只是在未來得到更多的祝福。如果不懂得感謝，你將無法拋開一切不滿的想法。

從你允許心裡存在不滿的那一刻起，你的心就開始失守了。你的注意力將放在那些平凡、普通、貧窮、骯髒、粗鄙的事物上，你的心將攝取這些事物的形象，將它們的模樣或心靈圖像傳達給無形物質，這麼一來，那些平凡、普通、貧窮、骯髒、粗鄙的事物就會朝你而來。

如果你讓內心充滿這些卑劣的事物，就會讓自己變得同樣卑劣，或讓周遭充滿這些事物。反過來說，如果你把注意力放在美好的事物上，便會讓身邊被美好事物所環繞，也會讓自己變得更好。

我們的注意力放在什麼形象上，內在的創造性力量就會讓我們變成什麼樣的人。這是因為我們也是思考物質，而思考物質總是依照祂的思考來形塑圖像。

懂得感謝的心總是關注在美好事物上，因此一切都會變好；而這樣的人會得到最好的東西或個性，也會得到最美好的一切。

此外，信心也是來自於感謝，因為感謝的心總是不斷期待發生好事，而這樣的期待就會成為信心。正因為感謝的反饋力量會在心裡產生信心，所以每個感謝的念頭都會更加強化信心。無法心存感謝的人便無法持續擁有信心，而一旦失去信心，就無法透過創造性的力量來致富，我們將在接下來幾章談到這點。

因此，你必須養成對每件發生的事都心存感謝的習慣，並持續表達這種感謝。

所有發生在你身上的一切都是有益的，你必須對此感謝。

不必浪費時間去思考或談論那些富商巨賈的缺點，或他們做錯了什麼，因為他們的世界為你創造了許多機會，如果沒有他們，就沒有今天的你。

不必對腐敗的政客心存怨恨，如果沒有他們，我們將陷入無政府狀態，屬於你的機會也將大為減少。

神很有耐心地花了很長的時間工作，為我們帶來工業與政府，如今祂仍將繼續工作下去。當世界不再需要富豪、大亨、企業鉅子及政客時，神就會將他們除去，但在此時此刻，我們仍需要這些人的存在。請記住，他們正在安排財富來到你的身邊，請對此心存感謝。只要這麼做，就會與美好的一切建立和諧關係，美好的事物也將朝你而來。

Chapter8
以特定法則思考

你必須隨時將這個清楚的圖像留在腦海，就像船員航海時隨時將港口的印象留在腦海中。你必須時時刻刻記住它，不能忘記，就像舵手從不會忘了羅盤。

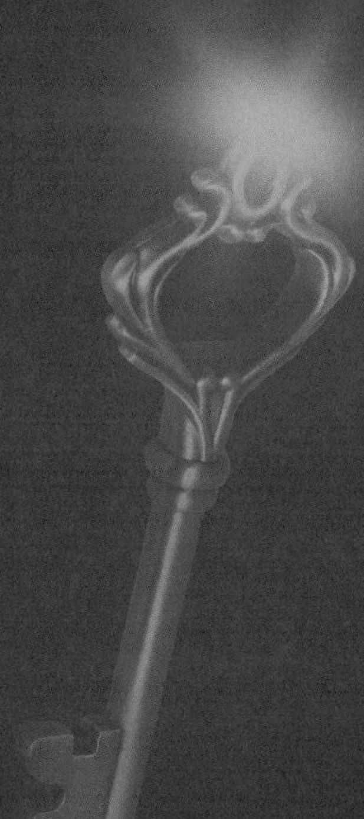

請你回頭看看第六章，再讀一次透過心靈圖像描繪理想家園的故事，你將會對獲得財富的第一步有更清楚的概念。你必須將想要的事物描繪成清楚而明確的圖像，如果沒有任何想法，就無法將想法傳達出去。

所以，你必須先擁有想法，才能將它傳達出去。很多人無法讓思考物質留下深刻印象，是因為他們對自己想做的事情、想要的東西以及想成為的人，只有模糊不清的概念。

清楚明確的描述你的渴望

只是希望擁有財富來「做好事」是不夠的，因為人人都有這樣的願望。

只是希望四處旅行、增廣見聞、過得更精采，也是不夠的，因為人人都有這樣的願望。

如果你打電報給朋友，不會將內容只按照字母的順序傳送出去，讓對方自行組織內容是什麼，也不會任意從字典中挑出一些字傳出去。你必須傳達出清楚明確、代表某些意義的句子。**請記住，如果你想讓無形物質記住你所想要的事物，就必須有清楚而明確的描述。**如果你傳達出去的是尚未成型的渴望，或是模糊不清的希望，不只無法致富，也無法讓創造性的力量開始運行。

請像前面提到描繪理想家園的那個人一樣，好好思考自己想要什麼，仔細想清楚，然後在心中勾勒出它的圖像。

你必須隨時將這個清楚的圖像留在腦海，就像船員航海時隨時將港口的印象留在腦海中。你必須時時刻刻記住它，不能忘記，就像舵手從不會忘了羅盤。

你不用練習如何集中注意力，也不用特別花時間禱告或自我肯定，既不用「沉思默想」，更不用經常做些神祕的儀式，雖然做這些事也很好，但你需要的只是了解自己想要什麼，同時讓這樣的想法留在腦海裡。

盡可能在閒暇時想清楚所想要事物的圖像，不必刻意練習如何把注意力花在真正想要的事物上，除非它們不是你真正想要的，因為只有對不在乎的東西，才需要特別花費心力去集中注意力。

除非你真的想致富，這樣的渴望才會引導你的思想，讓思想與目的一致，就像南北極影響羅盤的方向一樣。如果做不到這點，即使按照本書的指示去做，恐怕也無法發揮它的價值。

本書提供的方法，只適合對致富有著強烈渴望、能克服好逸惡勞的缺點、願意付諸行動的人。

當你內心描繪的圖像愈清楚，在腦海思考的細節愈仔細，渴望就會愈強烈。而只要你的渴望愈強烈，就愈容易將心思集中在想要事物的圖像上。

以強烈的信心與決心來想像

然而，有件比能清楚看見圖像更重要的事，那就是即使做了所有該做的事，你仍然只是個夢想家，無法擁有太多、甚至完全沒有達到目的的能力。在清楚的願景背後，必須擁有實現它、讓它成為實體的決心。而在這個決心的背後，必須擁有強大且無法動搖的信心，相信自己已擁有所想要的一切，它們都在你的「手邊」，是唾手可得的。

想像你已經住在新房子裡，直到這個想像成為事實。亦即在心靈的領域裡，去充分享受你所擁有的一切吧。

耶穌說：「所以我告訴你們，凡你們禱告祈求的，無論是什麼，只要信是得著的，就必得著。」（《聖經・馬可福音》11:24）

想像你所想要的事物，如同它們一直就在你身邊；想像你擁有並使用它們；想像當你真正擁有它們時將如何使用。持續在腦海裡思考這樣的圖像，直到這樣的圖像變得清楚而具體，然後為圖像裡的事物建立「心靈所有權」，想像自己擁有它們，全心全意地相信它們屬於你，堅持這樣的心靈所有權，片刻都不能動搖這樣的信心。

請記住前面提到的感謝。想一想，如果夢想成真時，你會有多麼感激，進而時時刻刻抱持著這樣感謝的心情。**如果一個人只能在想像世界裡擁有事物，卻仍願意真誠感謝神，這才是真正擁有信心的人。**而這樣的人絕對會致富，也能讓想要的一切被創造出來。

你不必為了想要的事物而不斷禱告，也不需要每天告訴神你想要什麼。

耶穌對門徒說：「不可像外邦人，用許多重複話……因為你們沒有祈求以先，你們所需用的，你們的父早已知道了。」（《聖經・馬太福音》6:7-8）

你的任務是，睿智地訂定能夠讓生命更為豐富的事物的渴望，並將這些渴望整理妥當，然後將整體的渴望傳達給無形物質；而祂將有能力、也會願意帶給你所想要的一切。

你無需用一堆重複的字眼，來加深無形物質對它們的印象，只要對這樣的願景擁有無法撼動的決心，以及可以達成願望的信心，就夠了。

你的禱告是否蒙神垂聽，不在於禱告時你有多少信心，而是實踐時你有多大的信心。

如果你每週只特別安排一天安息日來告訴神想要什麼，卻在其他六天忘了祂，就無法讓祂對你的渴望留下印象。如果你特別花時間躲進衣櫥禱告，卻在下次禱告前完全忘了這回事，也無法打動神的心。

口頭禱告很好，是有它的效果，特別是對你來說，確實有助於釐清個人願景，並強化信心。不過，能讓你得到想要的事物，並不只是靠著口頭禱告而已。想獲得財富，不需要「特別甜蜜的禱告時光」，而是需要「不停的禱告」。我說的禱告，是指堅持自己的願景，相信它終將成為事實，絲毫不會動搖，而且對你正在做的事能讓夢想成真有信心，因為：「只要信是得著的，就必得著。」（《聖經・馬可福音》11:24）

如果你能清楚地描述出願景，就可以準備接受一切了。在你具體描述完以後，最好能口頭向至高無上的力量表達感謝之意，並從此刻開始，你的心必須全然接受所祈求的事物即將到來。

一旦你心中開始有嶄新的生活，穿著好衣，開著好車，四處旅行，並信心十足地計畫更大的旅程時，每當你思考或訴說這些渴望的事物時，就必須使用如同現在已經擁有它們的口吻來陳述。想像某個你想要的環境或財務狀況，想像自己真的活在那樣的環境及財務狀況，直到一切成為事實。

不過要注意的是，別讓自己成為夢想家或空想者，你必須懷抱夢想成真的信心，以及讓想像成為事實的決心。請記住，科學家與夢想家的差別除了想像力之外，還有信心與決心。

在了解這些事實之後，接下來必須學習的是：如何使用意志力。

Chapter9
如何使用意志力

當你了解如何思考與行動時，就必須使用意志力讓自己思考，並從事正確的事。這才是正確得到想要事物的方法——讓你按照正確的方向前進。

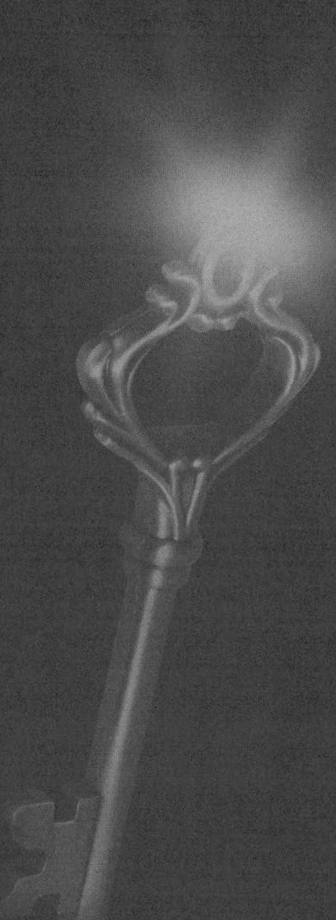

意志力只能用在自己身上

如果你想透過這個特定法則來致富，就不要將意志力用在自己以外的事物上。

事實上，你也沒有權利這麼做。因為將個人意志用在他人身上，只為了讓他們做出你希望他們做的事，這是不對的。

透過心智的力量強迫他人，與透過肢體力量脅迫他人一樣，都是罪大惡極的錯誤。透過肢體力量強迫別人做事，是在奴役對方，這與透過心智手段要脅別人，並沒有什麼分別，只是使用的手段不同罷了。以肢體力量奪走別人的東西叫搶劫，以心智力量這麼做也叫搶劫，在原則上並沒有什麼差別。

你沒有權利將個人的意志加諸在他人身上，即使是「為了他好」，因為你不知道怎麼做才是真的為他好。

無論如何，致富的科學不需要你使用任何力量強加在他人之上，一點都不需要。

事實上，嘗試使用個人意志加諸於他人身上，只會導致失敗的結果。

你不需要為了得到某些事物，而將個人意志強加在這些事物之上。這麼做等於是強迫神去做事，既愚蠢又沒用，而且對神也極為不敬。

你不需要強迫神給你美好的事物，就像你不需要在夜晚時使用意志力要求太陽升起一樣。

你不需要使用意志力對抗不友善的無形力量，或是讓固執、難以控制的力量聽從自己的命令。因為那無形物質是友善的，祂比你更急於將你想要的東西送給你。所以，如果你想要致富，只要把意志力用在自己的身上就好。

當你了解如何思考與行動時，就必須使用意志力讓自己思考，並從事正確的事。這才是正確得到想要事物的方法——讓你按照正確的方向前進。

你必須使用意志力，讓自己以特定法則來思考與行動。

不要將自己的意志力、想法或心靈投射到虛空之中，去「影響」其他的人、事、物。讓心靈停留在你的內在，它在那裡才能完成更多事。

透過心靈描繪出想要事物的圖像，以信心與決心守住這個願景，然後使用意志力，讓心靈按照正確的方向前進。

只要你愈能擁有穩定而持續的信心與決心，就可以愈快致富，因為你只會對無形物質傳達正面的訊息，而不會以負面訊息來中和或抵消這股力量。

只要抱持著信心與決心，冀求事物的訊息就會被無形物質接收，並將這個訊息擴散至遙遠無止盡的宇宙之中。

當這樣的訊息散播開來，萬事萬物就會開始協助它具體化，所有有生命、無生命、尚未被創造出來的事物，都將努力讓你想要的一切成為事實。

所有的力量將開始匯聚到這個方向，所有的事物開始朝你而來，世界各地的每個人也都會受到影響，開始從事完成你的心願所必須做的事，而且是無意識地為你而做。

不要讓負面圖像進入內心

必須注意自己是否對無形物質傳達了負面印象，因為懷疑或缺乏信心會讓無形物質停止運作，而它的力量正如你的信心與決心一樣大。多數應用心靈科學致富方法卻失敗的人，就是因為不了解這一點。當你感到懷疑或恐懼，當你感到擔憂，當你的靈魂充滿不信任，都會讓智慧體迅速離你而去。智慧體需要你的承諾，這個承諾就是信任，就是相信。

由於相信是如此重要，所以你必須管控你的思想。因為你所觀察、思考的事物，將影響你相信的程度，因此留意平時關注哪些事物也是很重要的事。這也是必須使用意志力的時候，因為注意力放在哪裡，完全是由你自己來決定。

如果你想要致富，就不必研究貧窮。

如果你總是往相反的方向去思考，就不會得到想要的結果。研究與思考疾病不會帶來健康，研究或思考罪惡無法帶來正義；同樣的，研究與思考貧窮，便無法讓人致富。

作為研究疾病的科學，醫學只是增加了疾病；作為研究罪惡的科學，宗教只是助長了罪惡；作為研究貧窮的科學，經濟學只是讓世界充滿了不幸與渴望。

所以，不要思考貧窮，更不要研究它，或是擔心自己是否會陷入貧困。不管是什麼原因導致貧窮，都與你無關。

你只要關心如何解決貧窮。

不必花時間做慈善工作或從事相關活動，慈善事業只會助長它原本所欲消弭的不幸。

不過，我的意思不是要你心存壞心眼，或是處事不厚道，拒絕聆聽別人的哭喊，而是要你別再用傳統方法來解決貧窮，反而應該是先將貧窮及其相關的一切拋在腦後，只要「實踐成功」。

讓自己致富，是你能幫助窮人的最好方法。

如果你心裡充斥著貧窮的心靈圖像，就無法容納能夠致富的心靈圖像。所以，不要閱讀關於住在貧民窟的人或童工不幸的報導，也不要閱讀讓內心充滿陰暗或痛苦的東西。

知道這些，並無助於你幫助他們解決問題；而四處散布這些消息，也無法解決貧窮的問題。

具體解決貧窮的方法，不是讓貧窮的圖像進入內心，而是讓窮人心裡充滿財富的圖像。

當你拒絕讓悲慘的圖像進入內心，並不代表你棄窮人於不顧。讓更多有錢人思考貧窮，也無法解決貧窮的問題，而是要增加窮人得到財富的信心與決心。

窮人需要的不是施捨，而是鼓勵。慈善事業只能在窮人遭遇不幸時給他們一塊麵包，或是帶給他們一點娛樂，好暫時忘記痛苦。然而，鼓勵卻能幫助他們從不幸中站起來，如果你想幫助窮人，就請向他們證明，他們也可以致富，並透過自己的致富來證明這點。

要消除世上窮困的唯一方法，就是讓愈來愈多人照著本書的指示練習。

每個人都必須學習如何透過創造、而不是競爭來致富。每個經由競爭而致富的人，會把讓自己往上爬的樓梯丟掉，讓其他人趕不上他。而每個透過創造而致富的人，則是開創機會，讓人人可以跟隨他，鼓勵其他人跟自己一樣。

當你拒絕同情貧窮、看見貧窮、閱讀貧窮、思考貧窮、聆聽貧窮或討論貧窮，並不代表自己是鐵石心腸或無動於衷。請善加運用意志力，讓心裡完全沒有貧窮這個念頭，並靠著信心與決心，讓內心專注在想要事物的願景上。

Chapter10
進一步使用意志力

如果你想更有效率地為神及人類服務，就要讓自己致富，但必須是透過創造性的方法，而不是透過競爭式的手段致富。

如果你總是將注意力放在與致富相反的圖像上，不論這些圖像是來自外界或想像，你便無法擁有真實而清晰的財富願景。

如果過去你有財務困難，千萬不要再提起，也不要去回想。不要談論雙親有多窮，或自己早年有多苦，當你這麼做，就是將自己歸類於窮人，而這將阻礙了通往致富之路。

耶穌說：「任憑死人埋葬他們的死人。」❽（《聖經・馬太福音》8:22）把一切與貧窮有關的事物都拋在腦後吧！讓世界愈來愈美好！

現在，你已接受了宇宙的一個正確理論，並將快樂的期待放在這個理論上面。既然如此，了解其他與這個理論衝突的說法，又能得到什麼好處呢？

不要閱讀那些世界末日即將來臨的宗教書籍，也不要閱讀挖人隱私或悲觀哲學家所寫的、告訴你世界終將歸於撒旦的作品。

世界不會歸於撒旦，而是歸於神，世界只會愈來愈美好。

的確，世界上存在著許多不完美，但是花時間研究這些終將消失的東西，只會延長它們消失的速度，讓它們繼續留在我們的周遭。如果你能夠透過個人的成長，讓這些東西加速被淘汰，又何必把時間與注意力放在這些終將被淘汰的事情上？

無論某個特定國家、地區或地方有多糟，但老想著這些狀況，都只是在浪費時間而已，而且還會摧毀屬於自己的機會。

❽ 意思是過去的就過去了，一切向前看。

你應該將注意力集中在如何讓世界變得更富有。我們所要思考的是，世界會變得愈來愈富裕，而不是愈來愈貧窮。同時還要記住，唯一能夠讓世界走上富裕之路的方法，就是透過創造法則——不是競爭法則——讓自己致富，對世界能夠盡一己之力。

所以請把所有注意力都放在成就富裕上，並忽略貧窮的存在。當你思考或提到窮人時，請想像他們正逐漸變得富有；把他們視為應該恭喜、而不是值得同情的對象。他們會感受到你的鼓勵，並開始尋求脫離貧窮的方法。

超越競爭才是真正富有

我認為，將時間與心思意念放在富裕上，並不代表你就會變得利欲薰心或小氣吝嗇。真正的富有，是人一生最崇高的追求目標，因為它涵蓋了一切。

在競爭的世界裡，努力追求財富是透過不相信神的暴力手段，來奪取他人權力的行為。但如果懂得使用創造性的心靈，一切將為之改觀。

在致富的過程中，隨著應用物質的增加，偉大的情操與心靈的開展、服務的熱忱與高尚的努力亦將隨之出現。

你將會發現，健康的身體是致富的重要條件。也只有不再擔心財務問題，過著無憂無慮、擁有良好衛生習慣的人，才能擁有並保持健康。

只有超越競爭的世界而生存下來，才能擁有道德與心靈的富足；也只有透過創造性的思考、降低競爭對自己影響的人，才可能致富。

如果你專注於家庭幸福，請記住，唯有細緻、高層的思想，以及免除腐化的影響，才能讓愛得以滋長；而唯有透過創造性思考的練習，不再有衝突，也沒有競爭，才能一直維持在富裕狀態。

我再次強調，不需要把目標放在特別偉大或高尚的事物上，而應該將注意力放在心裡那幅財富的圖像，並徹底排除一切讓願景模糊的因素。

你必須學著了解每件事情背後的真相，了解每件看似錯誤的狀況，其實都是在讓偉大的生命，走向更完整的表達與更全面的快樂。

而真相是，世上沒有貧窮，世上只有財富。

有些人一直很窮，是因為他們忽略了一個事實，那就是世上有著屬於他們的財

真相是，世上沒有貧窮，世上只有財富。

富，至於教導他們取得財富的最好方法，就是透過你親自實踐這個方法並致富，好讓他們明白了解。

有些人始終貧困，是因為他們知道有致富的方法，卻因智性的怠惰，而不願付諸行動。對這些人來說，最好的方法仍是透過你親自示範如何正確致富，才能激發他們照著做的欲望。

還有些人之所以貧窮，是因為他們抱持著某些科學概念，陷溺並迷失在形上學及神祕學的理論，不知該選擇哪條路去走。他們試圖融合眾多理論，結果都失敗了。同樣的，對於這些人來說，最好的方法就是由你示範並致富給他們看，因為再多的理論學說，也比不上一次實際的操作。

你能為世界所做最好的事，就是充分發揮自己的天賦，讓自己的生命更完整。

如果你想更有效率地為神及人類服務，就要讓自己致富，但必須是透過創造性的方法，而不是透過競爭式的手段致富。

一套簡單又科學的致富方法

另外還有件事必須說明：我們很確定本書提供了如何致富的詳盡做法，如果這話屬實，那你其實就不必再讀其他主題相同的書了。這麼說，好像很狹隘又自負，但你不妨想想看，數學除了加減乘除之外，並沒有其他計算方式；而兩點之間只有一條最短的距離。相同的，科學思考也只有一個方法，就是透過最直接、也最簡單的方法思考，以達到目的。目前還沒有人制定出比本書更簡單、更不複雜的「系統」，因為這是一套去蕪存菁的方法。當你使用這個方法時，請將其他方法擱在一邊，將它們自腦海中刪除。

請每天閱讀本書，並隨身攜帶，將內容記在腦中，不要再去想其他「系統」或理論。如果你同時思考其他做法，就會在心裡產生懷疑、不確定及動搖的感覺，那麼你最終將遭受失敗。

一旦你確實按照書中的指示去做並致富以後，便可隨心所欲地研究其他理論，但前提是，你必須確信自己已得到想要的事物。除了本書前言所提到的幾位作者外，請不要閱讀本書以外的其他相關作品。

只讀最正面、與你想要事物圖像一致的訊息。

此外，不必急著去研究神祕學說，也不要涉足通神論（theosophy）、唯靈論或類似的研究。或許死去的人仍然存在，而且離你很近，但請離他們遠一點，管好你自己的事就夠了。

不論死者的靈魂在哪裡，他們有他們自己的功課，有他們自己的問題要解決，我們無權干涉。我們無法幫助他們，也無法確定他們是否能幫助我們；就算他們可以幫助我們，我們也未必有權佔用他們的時間。

所以，不要太在意死者與死後的世界，你只需專注在解決自己的問題上——讓自己致富。如果你的想法被其他神祕學說給混淆了，內心便會出現相反的念頭，如此一來，勢必會讓你的希望破滅。

以下再做一次重點整理：

- 有種思考物質的存在，萬事萬物皆來自於祂；而且祂的原始狀態能滲入、穿透並瀰漫在整個宇宙之間。
- 這個思考物質中的任何思想，能製造出思想所想像出來的事物。
- 每個人都可以透過思想來塑造出事物，並透過將思想傳達到無形物質上，讓思考的事物具體化。

● 為了做到這一點，必須放棄競爭性的思考，轉而採取創造性的思考；必須在內心形塑出想要事物的清楚圖像，並以充分的決心與信心，將這個圖像保留在心裡，不接受任何會動搖決心、模糊願景或減少信心的一切事物。

現在，我們將進一步了解如何按照特定法則來生活與做事。

Chapter11
按照特定法則做事

透過思想，想要的事物會來到眼前，而你必須透過具體的行動才能獲得。

在思想上採取積極的行動

思想是一種創造性的力量，或是一種驅使創造性力量行動的能力。雖然以特定法則來思考確實能致富，但絕不能只是依靠思想而忘了行動。許多慣於以科學、形上學思考的人之所以無法致富，就是沒有將思想化為具體的行動。

人類還沒有發展到不經自然流程或不用雙手勞動，就可以從無形物質中直接創造出萬事萬物的階段。因此，人無法單憑思考，而不透過行動來支持自己的想法。

經由思想的創造性力量，可以讓埋在山裡的黃金朝你而來，但黃金無法自行開採或被提煉，也無法自行鑄成金幣，再自己滾進你的口袋裡。

至高無上的力量永遠會安排好這一切，讓別人為你開採金礦，其他人則是透過生意往來將黃金帶給你，你只要準備妥當，等著接受即可。你的思想可以讓所有生物或無生物為你工作，帶來你所想要的事物，但你是否能直接接收，則必須視你的行動而定。你並不是接受施捨或經由偷竊而得到所想要的東西，因此你所提供的物品實用價值，必須超過物品本身的金錢價值。

如果想依此科學法則使用思想的創造力量，便必須在心裡清楚而明確地描繪出想要事物的圖像，並下定決心一定要得到，且堅信一定會得到而不斷感謝。

不要以神祕或超自然的方法「投射」思想，以為如此就會讓想要的事物自然產生。這麼做只是白費力氣，而且會削弱理智思考的能力。

前面幾章已充分說明為了達到致富目標，在思想上必須採取的行動。信心與決心會積極地將願景傳達給無形物質，祂與你一樣，都渴望你能擁有更好的人生，而祂從你那兒所接收到的訊息，將讓一切創造性力量透過各種既有的管道動工，直接為你服務。

你不需要引導或監督整個創造的過程，你所要做的，就是維持願景，堅持決心，擁有信仰與感謝的心。

不過最重要的是，你必須以特定法則來做事，如此一來，當想要的事物來臨時，你才知道要接受它。也唯有如此，你才能將這些事物與心中的圖像進行比對，並將它們放在適當的位置。

你會發現這是真理。當想要的事物朝向你而來時，多半是經由他人之手，而對方會要求等值的事物作為交換。而你能得到想要事物的唯一方法，就是提供對方想要的事物。

你的錢包不會自行變成幸運錢包，好像不必花費任何力氣就會自己裝滿錢。這就是科學致富的重點——思想必須結合個人行動。

許多人有意識或無意識地透過強大的力量與堅定的渴望，讓創造性的力量開始運作，但卻一直處於貧窮，這是因為當想要的東西到來時，他還沒作好準備，因此便無法得到。

透過思想，想要的事物會來到眼前，而你必須透過具體的行動才能獲得。

致富的行動就從現在開始

無論你採取什麼行動，「現在」就去做。你無法在「過去」採取行動，因為為了擁有清晰的心靈願景，必須在心裡刪除過去所有的一切。你無法在「未來」採取行動，因為未來還沒有到來，而你無法預知未來會發生什麼事，屆時你該採取怎樣的行動來應對。

不要以為現在的你沒有從事適合的行業，或處於適當的環境，就認為不必採取行動，而想等到從事適合行業或處於適當環境時再來做。你也不必浪費時間思考未來發生意外時該如何處理，因為等到意外發生時，你絕對有能力可以處理。

如果你在採取行動時，心裡想的卻是未來的事，就無法專心於當下的行動，也會讓行動變得沒有效率。所以，請全神貫注於此時此刻的行動。

當你把創造性的動力傳達給智慧體時，不能只是坐下來什麼也不做。這樣的話，你將得不到任何東西。你現在就必須採取行動，不是其他時間，就是現在，除了現在，再也沒有更好的時機。如果你從來不曾為了接受想要的事物而作好準備，那麼，請現在就開始做吧！

而無論你採取了什麼行動，都必須與現在從事的工作或行業有關，也必須與現在所處環境的人或事有關。

因為你無法在你不在的地方採取行動，也無法在過去所處的環境、或未來即將去的環境採取行動；你只能在目前所在之處採取行動。

- 不要擔心昨天的事還沒做完，或是做不好。你只需要把今天的事做好。
- 不要試圖在今天做明天的事情，當你該做明天的事時，絕對有充裕的時間去執行。
- 不要試圖透過神祕或超自然手段，來影響周遭的人事物。
- 不要等環境改變再採取行動，而是要透過採取行動來改變環境。

你可以對目前的環境採取行動，讓環境變得更好。你要以信心與決心來支持心裡擁有更好環境的願景，也必須全心全意對目前所處的環境採取行動。

不要浪費時間做白日夢，或是幻想空中樓閣，只要在心裡保有想要的願景，就應該馬上採取行動。

不必刻意去尋找新奇或古怪的做法，作為朝向致富的第一步。你現在或至少是某段時間該做的，就是過去你曾做過的事，只是現在你知道必須按照特定的法則去行動，而這麼一來，你絕對可以致富。

如果你覺得目前的工作並不合適，不要等到找到好工作後才開始行動；如果你覺得被擺錯了位置，也不必灰心喪志或哀聲歎氣。沒有人會因為一時被擺錯了位置，就永遠找不到適合自己的位置；也沒有人會因為現在從事不適合的工作，就永遠進不了適合自己的行業。

請懷抱著進入適合自己的工作的願景，決心進入那個行業，並有信心一定成功，且目前正朝著那個方向前進。

如果你是受雇者或受薪階級，必須轉換跑道才能得到想要的事物，千萬不要以為將想法「投射」到宇宙之中，就可以轉換工作。這樣做，只會導致失敗的結果。

你只要懷抱著想換工作的願景，並以信心與決心在目前的工作崗位上全力以赴，最後一定可以得到你想要的工作。

你的願景與信心能讓創造性的力量開始運作，將你想要的工作帶給你，而你的行動也會讓周遭環境的各種力量，將你推向你所想要的工作。

在結束本章之前，我想為之前的重點摘要再增補一些內容：

- 有種思考物質的存在，萬事萬物皆來自於祂；而且祂的原始狀態能滲入、穿透並瀰漫在整個宇宙之間。
- 這個思考物質中的任何思想，能製造出思想所想像出來的事物。
- 每個人都可以透過思想來塑造出事物，並透過將思想傳達到無形物質上，讓思考的事物具體化。
- 要做到這一點，必須放棄競爭性的思考，轉而採取創造性的思考；必須在內心形塑出想要事物的清楚圖像，並以充分的決心與信心，將這個圖像保留在心裡，不接受任何會動搖決心、模糊願景或減少信心的一切事物。
- 若是你想順利接受所想要的事物，就必須對現在所處環境的人事物開始採取行動。

Chapter12
採取有效率的行動

每個有效率的行動本身都會導致成功。因此，如果你生命中的每個行動都很有效率，那麼，你的整個人生絕對是成功的。

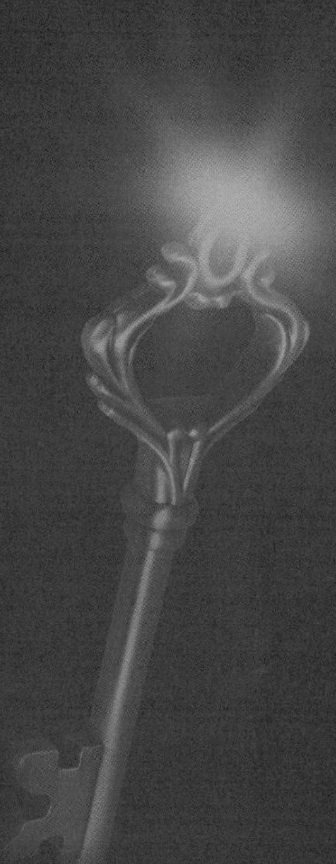

你必須使用前一章所提到的思想，開始進行目前所能做的事。

你必須讓自己的能力超出目前職責的需要，才能夠有所進步。要知道，沒有人在完成手邊的工作之前，就能擁有超出這個職務的能力。

世界的進步，是因為存在著許多不滿現狀的人。

過好成功的每一天

如果每個人都做不好分內的工作，可以想見，一切的發展都將倒退。對分內工作不負責任的人，將會造成社會、政府、經濟、工業的負擔，讓其他人付出無比的代價來照顧他們。世界進步的速度之所以減緩，正是被那些無法做好目前該做的事的人給拖累的，他們多是屬於古早世代的人，生活處於較低的層次，通常會逐漸退化。如果一個社會裡每個人的能力都比自己的職責來得低，那這個社會是絕對不可能進步的。可以說，社會的進化是透過人類身體與心靈的進化來決定的。

動物世界的進化則是來自於生命的超越。當一個有機體所能展現的生命狀態，比它本身的機能要來得高時，就會發展出更高層次的器官，進而產生出新的物種。

如果沒有這些超越自身機能的有機體的存在，就不會有新的物種誕生。對你而言，道理也是一樣的。如果想要致富，就必須根據這個法則，應用在所有與你相關的事物上。

我們每天過的日子，不是成功的一天，就是失敗的一天。而所謂成功的一天，就是得到想要東西的日子。如果每天都過得很失敗，那就永遠無法致富了；反過來說，如果每天都過得很成功，就一定能致富。

如果你今天明明可以做完某件事，卻沒做完，就這件事來說，你就是失敗了，而它所帶來的後果，恐怕比你想像的還要慘重。

就算是再細微的行動，你也無法預知後果會如何，也不知道那無形的力量為你做了多少事。這股力量的運作，將取決於你是否做了什麼簡單的行動，而這個行動也可能為你打開許多機會之門。你永遠不知道至高無上的智慧體如何在世上為你安排了一切，所以，如果你忽略、或是沒做到某些小事，可能就會延遲你得到想要事物的時間。

今日事，今日畢。但你必須注意，上述這句話有它的限制及條件。

不要工作過度，更不要盲目投入工作，總是想在最短的時間之內把工作做完。

今天不必把明天的工作做完，也不必急著在一天之內把一週的工作做完。

讓行動展現出效率

重點不在於你做了多少，而在於你的每個動作是否有效率。

你的每個動作不是導致成功，就是造成失敗；你的每個動作不是有效率，就是沒效率。每個沒效率的行動都會導致失敗，而如果你把生命耗費在沒效率的行動上，你的整個人生終將失敗。

如果你的行動都沒有效率，那麼只要做的事情愈多，情況反而會愈糟糕。反過來說，每個有效率的行動本身都會導致成功。因此，如果你生命中的每個行動都很有效率，那麼，你的整個人生絕對是成功的。

造成失敗的原因是，用沒效率的行動來做的事情太多，而以有效率的方法去做的事情太少。

從其中你會發現一個不言自明的原則，那就是，如果你能夠不去做沒效率的事，而是透過有效率的行動去完成很多事情，那你就可以致富。現在，如果你可以有效率地做每件事，你會再次發現，致富其實就跟數學一樣，可以簡化成一門精準的科學。

然後，問題就會轉到如何讓個別行動都能成功。而你絕對可以做到這點！

你絕對可以讓每個行動都很成功，因為全能的力量會幫助你，而祂從來就不會失敗。

這個力量將供你差遣，你只要將這個力量灌注在行動上，那麼，每個行動都會變得很有效率。

任何行動，所展現的要不是很有力，就是很脆弱。然而，當你的每個行動都十分有力時，這就表示你使用了能夠讓自己致富的特定法則。

也就是說，如果你總是懷抱著願景去行動，並將信心與決心的全部力量灌注其上，那麼，你的每個行動都會強而有力，同時也會很有效率。

這就是那些將心靈力量與個人行動分開而行的人之所以失敗的原因。他們在某些時間、某些地點選擇使用心靈力量，卻在另外的時間與地點選擇採取行動。他們的行動無法獲得最後的成功，正因為其中包含了太多沒有效率的行動。

但是，只要將那全能的力量灌注在每個行動上，不論行動本身有多麼稀鬆平常，最後一定都會成功。而每個個別的成功都會開啟其他的機會，你所想要的事物，以及它們朝向你而來的速度，也會愈來愈快。

請每天都採取行動，在一天之內盡可能多做一點，並以有效率的方法來進行行動。也就是你必須懷抱著願景來進行每個行動，無論那是多麼細微或平常的願景，但也不是要你時時刻刻注意其中的支微末節，你只需在閒暇時，將想像力關注在願景的細節上，默想它們，牢牢記住。如果你想快點得到結果，就請在有空時便進行這個練習。

透過持續不斷的默想，描繪出想要事物的圖像，即使是最小的細節都包括在內，將它牢記在心裡，然後將這個圖像完整傳達給無形物質。當你在工作時，只要參考心靈圖像來激發你的信心與決心，好讓自己可以發揮出最大的潛力。

所以，在你閒暇之餘，請默想這個圖像，直到心裡充滿了它，彷彿你唾手可得。這個圖像所呈現的光明未來將讓你充滿熱情，你只要心裡想像著它，就可以喚醒那存在於內心的最強大能量。

讓我們再次複習一下目前為止所提出的重點，並且做一點修正：

- 有種思考物質的存在，萬事萬物皆來自於祂；而且祂的原始狀態能滲入、穿透並瀰漫在整個宇宙之間。
- 這個思考物質中的任何思想，能製造出思想所想像出來的事物。
- 每個人都可以透過思想來塑造出事物，並透過將思想傳達到無形物質上，讓思考的事物具體化。

● 為了做到這一點，必須放棄競爭性的思考，轉而採取創造性的思考；必須在內心形塑出想要事物的清楚圖像，並以充分的決心與信心去行動。請每天都這麼做，並採取有效率的方法來進行每個行動。

Chapter13
選擇適合的行業

只要按照特定法則做事，眼前的機會就會逐漸增加，但你必須持續維持信心與決心，以充滿感謝的態度，與那全知全能的智慧體保持親近的關係。

正確使用你的工具

不論從事什麼行業，如果想要成功，就必須擁有從事那行業所必須具備的良好能力。

如果沒有絕佳的音樂才能，就無法成為優秀的音樂老師；如果沒有良好的機械技能，就無法在機械這個行業裡出類拔萃；如果沒有足夠的機智與商業頭腦，就無法在商業競爭中脫穎而出。不過，即使你擁有某種行業所應具備的能力，也未必能保證可以致富。有些音樂家擁有傑出的才能，卻仍然十分貧困；有些鐵匠、木工擁有精湛的技術，卻沒有變得更有錢；同樣的，有些商人非常擅於溝通，最後還是失敗了。

任何一種能力都只是工具罷了。擁有良好的工具固然重要，但透過正確方法使用工具也很重要。有人只需要一把鋸子、一支丁字尺及一個刨子，就可以做出華美的家具，而有些人使用同樣工具，試圖想做出同樣的家具，卻只能做出拙劣的成品，只因為他們不知道如何正確地使用那些精良的工具。

你的心靈擁有的能力就是你的工具，你必須使用這些工具去做可以讓你致富的事。如果你已經擁有某些心靈工具，並得以進入某個需要此工具的行業，就會更容易成功。

一般而言，一個人的專業能力愈強，他在特定行業就會有更好的發展，就像「天生適合吃那行飯」一樣。不過，這個說法仍有其局限性。沒有人應受限於天分，而限制了可以從事的行業領域。

你可以在任何行業裡致富，就算你沒有從事那行業的天分，還是可以慢慢培養起來。也就是說，你必須在工作中製作出適合的工具，而不是單憑與生俱來的本事。從事天分已經具備的行業確實是比較容易成功，但你可以在任何行業都很成功，因為你可以培養出任何行業所需要的基本能力。

從事自己不必特別賣力的工作，當然更容易致富。但是，如果做的是自己想做的事，並因此而致富，將會獲得更大的滿足感。

做自己想做的事

生命的滿足就是做自己想做的事，如果被迫去做不想做的事，就無法得到真正的滿足。一個人是否有能力做自己想做的事，答案絕對是肯定的。一旦你有想要做某件事的欲望，便表示你內在擁有完成那件事情的能力。

欲望，就是能力的展現。

彈奏音樂的欲望，是彈奏音樂的能力在尋找表達及發展的機會；發明機械設備的欲望，是機械天賦在尋找表達及發展的機會。

如果一個人沒有做事的能力，不論是已經發展或尚未發展的能力，就不會有欲望去完成那件事。反過來說，如果一個人有強烈的欲望做某件事，便表示他有強大的能力可以完成那件事，而他所需要的，只是以正確的方法發展及使用這個能力。

當一切條件都相同時，應該選擇最能發揮天賦的行業。若是你非常想從事某個行業，就應該把這個行業當成個人的終極目標。

你可以做自己想做的工作，而且你有權選擇自己最擅長、做起來最愉快的工作。沒有人能夠強迫你去做不喜歡的工作，除非那份工作只是讓你做未來想做的事的手段，否則你便不應該去做。

如果是因為過去的錯誤，讓你不得不進入某個行業或環境，那麼你可能有段時間必須勉強自己做不想做的事。但是，一旦你能了解目前的工作將有助於未來做想做的事，那你做起事來就會比較愉悅。

如果你覺得目前的工作不適合自己，也不要急著換。一般來說，最好能先培養自己的實力，讓自己有所成長，再改變工作環境。

當機會來臨時，你經過審慎思考後，覺得這是個絕佳機會，就不要害怕做出即刻或激進的改變。但是，只要你有任何懷疑，覺得這麼做不夠明智的話，便不要倉促做出改變，貿然行事。

創造性的世界中，永遠不會缺乏機會，所以不必急於一時。

只要你擺脫了競爭性的思考，就會了解，根本不必貿然行動，因為在你想從事的領域裡，沒有人會是你的對手，永遠有足夠的位置留給每個人。如果有人搶佔了某個職缺，不久之後，就會出現另一個更適合你的機會，時間對你來說總是綽綽有餘；如果你心裡仍有懷疑，請先按兵不動，回過頭來思想自己的願景，藉以增強自己的信心與決心，如果這麼做之後仍感到不太確定，或是猶豫不決，那麼就請培養感謝的心。

請花一兩天默想想要事物的圖像，為已經得到的那些事物而深深感謝，讓心靈與那至高無上的力量更為貼近，如此，等開始採取行動時就不會出錯了。

這世上有個全知全能的智慧體存在，如果你能以感謝的心，佐以信心與決心來提升生命的層次，就能與這個全知全能的存在體合而為一。

人之所以會犯下錯誤，主因就在於倉促行事，或因恐懼或懷疑而行動，或忘記正確的動機——讓生命得以完整，而不使其受損。

只要按照特定法則做事，眼前的機會就會逐漸增加，但你必須持續維持信心與決心，以充滿感謝的態度，與那全知全能的智慧體保持親近的關係。

每天都以最完美的態度來做好每件事，不要匆忙、擔心或恐懼，盡可能做得快一點，但不要倉促行事。

請記住，當你感到匆忙之際，就會變成一個競爭者，而不是創造者，而這會再度將你帶回特定的生命層次。

請花一兩天默想想要事物的圖像，為已經得到的那些事物而深深感謝，讓心靈與那至高無上的力量更為貼近

只要感覺自己很匆忙時，先暫停一下，把注意力放在想要事物的圖像上，然後為你已經得到它而獻上感謝之意。這個感謝的練習，永遠可以加強你的信心，並恢復你的決心！

Chapter14
提升生命的印象

讓生命獲得提升是人類最深層的天性，所以每個人都會被足以讓生命更為豐富的人所吸引。

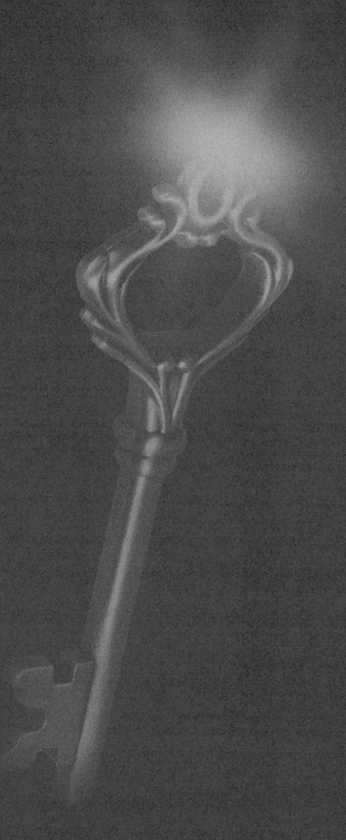

人類最深層的天性

無論你是否要轉換職業，目前最該做的，就是努力採取與現在工作有關的各項行動。

如果你每天都能按照特定法則去做事，就可以根據在目前工作崗位所建立起來的能力，進入任何你想從事的行業。

如果你現在的工作必須與人交往，無論是面對面或是以書面溝通，都只需記住一個關鍵思想，就是必須將提升生命的意念傳達給他們。

提升生命的欲望是人類的天性，也是宇宙的基本驅力。人類一切活動都是為了讓生命得以提升，所以人們會尋求更多的食物、更多的衣服、更好的房子、更多的奢侈品，來讓自己變得更美、更有知識、過得更快樂……這一切都是為了提升，讓生命提升。

世界上任何一種生物都需要持續不斷地成長，如果生命中止了成長，就會立刻終結或死亡。

人類的本能中了解這一點，因此每個人會不斷地尋求，希冀能獲得更多。耶穌曾透過比喻指出提升生命的法則，就是「因為凡有的，還要加給他，叫他有餘；沒有的，連他所有的，也要奪過來。」（《聖經・馬太福音》25:29）

擁有更多財富是人很正常的欲望，不是什麼罪惡，也不該受到譴責，這只是想擁有豐富人生的簡單欲望，也是很鼓舞人心的事。

而且，這是人類最深層的天性，所以每個人都會被足以讓生命更為豐富的人所吸引。

你也可以提升別人的生命

你只要按照本書所說的特定法則去做事，就能持續讓生命有所提升，同時也會影響你所接觸到的每個人。

你是創造的中心，透過你，便能提升所有人的生命。

你必須相信這點，並將這樣的意念確實傳達給每個你所接觸到的人。無論你從事金額多小的交易，即使只是賣一支棒棒糖給小朋友，也要將這個意念傳達給對方，並確認對方對這個概念的印象深刻。

請你在做任何事情時，都要將這個意念傳達出去，這麼一來，每個人都會了解你是個追求進步的人，而且能讓所有接觸你的人有所成長。即使是在社交場合認識、沒有生意往來的人，對方也仍然能夠接收到這樣的訊息。

而想要將提升生命的意念傳達出去，你必須透過無法撼動的信心來達成，並且讓這樣的信心激發、充滿並滲入到每個行動之中。

當你在做任何事情時，都必須確認自己是個不斷進步成長的人，而且也會讓每個人都能有所提升。

一旦你覺得自己變得愈來愈有錢，也會讓其他人變得有錢，為他們創造更多的福祉。

但請不要誇耀或吹噓自己的成功，也不必刻意來談論這些事，因為真正的信心是不需要自誇的。

你會發現，喜歡自誇的人，其實常暗自懷疑或恐懼。所以，單純地感受信心，讓信心充滿在每次的交易中，讓你的每個動作、語氣及表情，都能正確傳達出你會變得更有錢，或者已經很富有的訊息。你不一定要使用語言來表達，因為只要你一出現，對方就能夠感受到提升的能量，並且再度被你吸引。

你必須讓人對你留下深刻的印象，讓他們覺得與你交往，生命便得以提升。而他們會發現，你能帶給他們的實用價值，遠比他們付出給你的金錢價值還高。

請你有信心地這麼做，並讓每個人都知道這點，如此一來，你絕不會缺少顧客。人們都會朝向讓生命得以增長的地方奔去，而那渴望讓人人生命有所成長、並了解所以一切的至高無上力量，也會將所有不認識的人帶到你的面前。你的生意將會快速成長，得到超出預期的利益；你也可以建立更大的事業，得到更多的利潤，如果想轉到更適合自己的行業，最終也會成功。

不過，在這麼做的同時，絕對不能忘了想要事物的願景，以及應該具備的信心與決心。

小心想操控別人的誘惑

在這裡，我想出提出一個有關動機的忠告：千萬要注意心裡那股想要操控別人的誘惑。

對於心靈尚未成型或發展不夠完全的人來說，行使權力或操控他人確實會令人愉悅。

為了滿足個人私利的欲望而去駕馭別人，向來有如世界的詛咒，多少年來，無數帝王與君主發動了浴血爭戰，為的並不是尋求全人類福祉，而是為了擴張自己的版圖、拓展個人的權力，而他們這麼做，就只是為了讓自己得到更多的權力。

如今，工商業人士多半也抱持著這樣的動機，以金錢充當武器，浪費、剝奪了許多人的生命與心血，同樣瘋狂地只為了操控他人。

可以說，利慾薰心的商業大亨，其實跟過去的帝王沒什麼兩樣。

耶穌看到了這種朝向邪惡世界的驅力，而這正是祂想要揚棄的。翻閱馬太福音第二十三章，你會發現祂口中被稱之為「大師」的法利賽人，其私欲就是如此，他們身處高位，掌控他人，讓不幸的人身負重擔。這段經文還提到耶穌比較了這種私欲，與兄弟尋求共同利益，也就是祂所說的「神的教誨」的差別。

千萬不要被權力的欲望所迷惑，想變成「大師」，成為人上人，或透過奢華的行徑引人注意。

尋求掌控他人的思想，就是競爭性的思想，而在宇宙運行的法則裡，競爭性的思想不是創造性的思想。

事實上，掌控自己的環境與命運，並不需要支配其他人，當你為了爭取高位而墜入掠奪的世界，反而會被命運與環境所征服，一旦到如此地步，想致富的話，就得靠運氣或投機才可能達成。

所以，千萬不要擁有競爭的思想！

極力主張黃金定律、對創造性的行動做出絕佳說明的托利多（Toledo）市長瓊斯先生（Samuel Milton Jones）說：「我自己想要的東西，每個人都可以得到。」

Chapter15
不斷進步的人

我們希望指導者本身就很有錢、很健康、很偉大且受人喜愛，透過這樣的指導者，來告訴我們如何能夠像他一樣成功。而當這樣的指導者出現時，自然就會吸引許多追隨者。

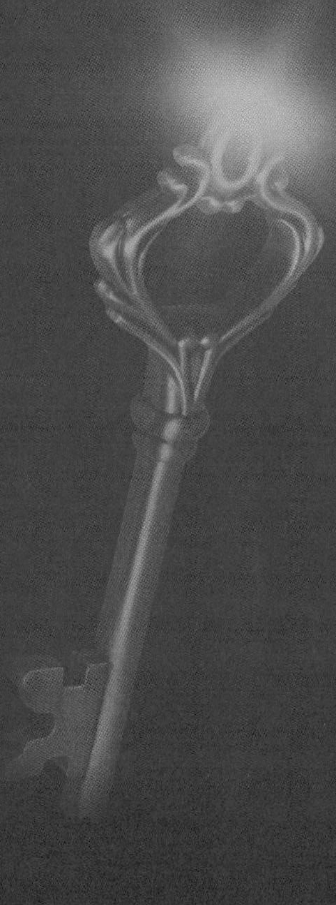

成為提升生命的指導者

前一章提到的內容，無論是生意人或受薪階級都一樣適用。

無論你是醫生、老師或是神職人員，如果你能提升其他人的生命，讓他們了解這個事實，他們就會被你所吸引，而你也會因此而致富。

如果有醫生懷抱著成為偉大治療者的願景，並抱持著信心與決心朝這個理想努力，正如本書所描述的，他會與生命的起源建立起更親近的關係，同時獲得顯而易見的成功，尋求他治病的病人將絡繹不絕。

醫界人士比其他行業有更多機會實踐本書的效果。無論是屬於哪個派別，基本上，治療的原理都是相同的，都可以達到同樣的目的。一個不斷成長的醫界人士，一旦擁有清楚的心靈圖像，並遵循信心、決心與感謝法則，無論他使用什麼療法，都可以治癒來到他面前的病人。

在宗教領域裡，人們渴望神職人員能教導他們如何擁有富足的生活。而一個了解如何致富、擁有健康、變得偉大、贏得愛情等方法所有細節的人，將永遠不缺乏跟隨者。因為這是世界最需要的福音，這個訊息可以提升生命，人們必然會欣然接受，並給予提供這些法則的人最大的支持。

現在我們最需要的，是有人來親自示範證實這門科學的道理。我們希望指導者不只是指出該怎麼做，而是能夠現身說法；我們希望指導者本身就很有錢、很健康、很偉大且受人喜愛，透過這樣的指導者，來告訴我們如何能夠像他一樣成功。而當這樣的指導者出現時，自然就會吸引許多追隨者。

能夠鼓舞孩子透過信心與決心，讓生命成長的老師也是如此，他們絕不怕沒有工作。擁有這種信心與決心的老師，都可以將這樣的態度帶給學生。事實上，如果這是他個人的生命經驗，自然就會想與學生分享。

這個原則不只對老師、牧師或醫生來說是如此，對律師、牙醫、房地產仲介、保險業務員或其他行業的人來說，也是如此。

機會只給不斷進步的人

前面我提過結合心靈與行動的做法，那是絕對可靠，也不會失敗的，每個人只要遵循這個指示，持續、按部就班地做，就會致富，因為生命提升的定律就像萬有引力一樣，是恆常不變的。可以說，致富是一門精準的科學。

對受薪階級的人來說，這個原則也一樣適用。不必因為目前工作看起來升遷無望，薪水很少，但花費很高，而覺得自己永遠無法致富。請在內心描繪出想要事物的願景，並帶著信心與決心付諸行動。

每天盡可能做完所有工作，力求完美地做好每個細節。並在做每件事情時，將成功的力量與致富的決心灌注其中。

不要為了討好上司，希望他們看到你的表現而提拔你才這麼做，他們絕不會因為你這麼做而提拔你。在工作崗位竭盡所能，全力以赴，並對此感到滿足的單純「好」員工，對雇主來說才是有價值的。但雇主並不會升遷這樣的員工，因為他們留在原來的位置，反而對雇主更有利。

如果想升遷的話，除了增強自己的實力，還必須做點別的事。

如果你擁有比目前職務需求更多的能力，也很清楚知道自己想成為什麼樣的人，並具備想成為那種人的決心，肯定會獲得升遷。

如果你做的不是目前職務非做不可的事，便應該是為了個人的成長，而不是為了討好上司。在工作前、工作中及工作後，都要懷抱著提升生命的信心與決心。只要秉持著這樣的態度，每個與你接觸的人，不論是頂頭上司、屬下或社交人士，都會從你身上感受到因決心而產生的力量，進而從你身上領略到生命成長與提升的重要。他們會被你吸引，就算你目前沒有升遷的可能，但很快的，就會獲得其他的工作機會。

世上存在著一種力量，只要是不斷進步的人按照原則去做事，這個力量就會不斷地提供機會給他。自助而後天助，如果你按照特定法則做事，祂絕對會幫助你，因為這也是為了幫助祂自己。

不會有任何因素能夠阻擋你，因此你在任何環境或任何產業工作都不會失敗。如果你在鋼鐵公司服務卻無法致富，那或許能夠在十英畝大的農場工作而致富。只要你開始以特定法則來做事，就一定可以脫離鋼鐵公司的「掌控」，轉到農場或其他你想從事的行業。

如果鋼鐵公司裡成千上萬的員工都按照特定法則來做事，那麼這家公司很快就會陷入困境，因為公司必須提供員工更多的機會，否則就得結束營業。沒有人必須為公司賣命，有些公司之所以讓員工陷入無助的狀態，是因為員工不了解致富的科學，或是因為智性的怠惰，而沒有去實踐這些法則。

只要開始按照這個法則來思考及行動，信心與決心會讓你很快找到改善自己處境的機會。而且這樣的機會很快就會到來，因為至高無上的力量會為你安排好一切，將你想要的機會帶到你的面前。

不要坐著等待機會，以為它自己會來。當眼前出現比現在更好的機會，而你有股驅力想要迎上去時，就接受它吧，這是邁向更好機會的第一步。

在這個宇宙中，一個能不斷成長的人，絕對不乏機會。

整個宇宙都是為了不斷成長的人所創造的，宇宙中的一切，都會為了達到他的目的而運作，只要他按照特定法則去思考與行動，就一定能致富。受薪階級的人都該用心研讀本書，並懷抱著信心按照書中所說的行動方針去做，最後一定可以成功致富。

Chapter16
忠告與最後注意事項

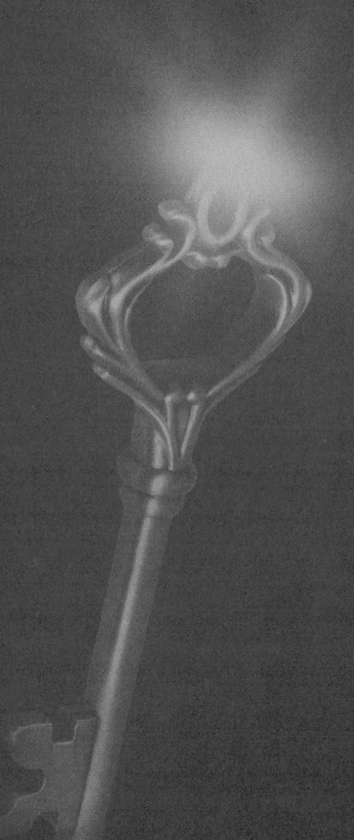

一個人只要擁有成長的心靈，又充滿致富的信心，並帶著堅定的決心向致富之路邁進，那麼，將沒有任何理由可以讓他貧困。

The Science of Getting Rich

讓創造性的思想來成就一切

許多人對世上存在著致富科學的說法嗤之以鼻，認為財富的供應是有限的。即使有些人擁有許多資產，也仍堅信著社會及政府組織必須要有所改變，人們才可能致富。

但是，這不是事實。

政府讓許多民眾陷入貧困，確實是不爭的事實，但這是因為他們沒有按照特定法則去思考與行動。

只要他們開始按照本書的指示去做，則不論是政府單位或企業組織，都會成為他們的助力，一切組織、體制都會朝著幫助他們的方向去做修正。

一個人只要擁有成長的心靈，而且又充滿致富的信心，並帶著堅定的決心朝向致富之路邁進，那麼，將沒有任何理由可以讓他貧困。

無論在什麼時候、在怎樣的政府體制下，每個人都可以倚賴特定法則來致富。一旦這麼做的人達到一定數量時，便會讓整個政策制度有所調整，將致富的道路開放給其他人。如果有愈多的人懷抱著競爭的心態致富，就會對其他人愈不利；而如果有愈多的人透過創造性的方法來致富，就會對其他人愈有利。

如果想透過經濟手段來救助別人，就必須讓更多人來實踐本書的科學法則，讓他們能夠致富。也唯有應用本書的特定法則成功致富，成為其他人的見證，才能激發他們追求真正的人生，並有信心可以擁有更好的人生，而且堅信只要有決心就可以做到。

至目前為止，相信你已經了解，無論身處在怎樣的政府體制、資本主義或競爭性企業，都無法阻止你致富。只要能全心倚靠創造性的思想，就能超越一切、不受牽制，而成為另一個世界的公民。

請記住，你的思想必須是創造性的，不可有片刻懷疑資源的供應是有限的，或是採取競爭性的行動。一旦你陷入舊有的思維，請盡快改正，因為競爭性的思考會讓你失去與宇宙合作的可能。

不必擔憂未來的障礙

不必花時間安排未來遇到危機時該如何應對，除非未來有什麼決策會影響你目前的行動。你只需關注現在是否是以正確的態度在做事即可，根本不必擔心未來可能會發生什麼狀況，因為就算危機來臨時，再盡力處理也還來得及啊！

經營事業時，也不需要去擔心未來是否充滿障礙，除非你現在就知道可以做什麼來避免有可能產生的障礙。而無論未來有多少障礙橫在眼前，你都會發現，只要按照特定的法則去做事，這些障礙就會自動消失，或是出現能超越或繞過障礙的解決方法。

所以，只要確實根據科學方法去做事，無論是什麼環境都能克服，而任何人只要遵循這個法則，就絕對可以致富，就像二乘二會得到四的數學定律一樣。

不要去擔憂未來會出現什麼災難、障礙、恐慌或不利於自己的環境，當它們出現時，你絕對有足夠的時間應付，而且你會發現，其實每個困難都會帶來戰勝它所需要的資源。

不要說出暗示失敗的話語

要注意自己說出口的話語。不要用讓自己灰心、讓別人喪氣的口吻，來談論關於自己或其他人的事。

絕對不要承認有失敗的可能性，或是說出暗示可能失敗的話語。

絕對不要說時機不好、或環境不佳之類的話。對於擁有競爭性的心態的人來說，或許時間是不好，環境是不佳，但對你來說，不應該是如此，因為你可以創造自己想要的事物，而且能夠超脫出這類的恐懼。

當其他人覺得時機不好，生意難做時，你將會找到更多、更好的機會。因此，你應該訓練自己，思考並期待世界正在發展並成長，相信邪惡的一切尚未萌芽。話語中永遠要帶入成長進步的資訊，否則你將會否定自己的信念，而否定信念，最終就是導致失敗的結果。

不要讓自己失望。你可能期待在某個時間得到某樣事物，但卻無法如願，於是你認為這就是失敗，但如果你持續懷抱信心，就會發現，失敗只是一個表相罷了。

持續按照特定的法則做事，就算沒得到想要的事物，之後也會得到更好的東西，而你原先以為的失敗，其實是更大的成功。

失敗，是因為你要求的不夠

有位使用了這門科學法則的學生，參與了一項他很渴望的商業合併案，並花了幾個星期進行工作。當關鍵時刻來臨時，這個案件竟毫無預警地失敗了，就像某種看不見的影響力在悄悄地與他作對。

但他沒有因此而灰心喪志，反而感謝神否決了他的願望，並持續懷抱著這個感謝的心。

幾個星期後，有個比之前購併案更好的機會上門了，這時他才發現，原來神比他知道的還多，阻止了他完成之前的商業合併案，讓他不會因小而失大。

所以，只要懷抱著信心、決心與感謝的心，每天按照特定的法則做事，那麼每個表面上看起來的失敗，都會成為每天、每個個別行動的助力。

如果失敗的話，是因為你要求得不夠，但請記住，繼續堅持下去，比你要求更多的事物將會朝你而來。

你不會因為缺乏做想做的事的能力而失敗，因為你只要堅持使用本書指示的法則去做事，就會發展出想做的事所需要的能力。

本書或許無法幫助你培養專業能力，但培養專業能力與致富的過程一樣，明確而簡單。

無論如何，不要猶豫或恐懼因為欠缺能力，而在任何崗位上失敗。只要持續堅持下去，最後你就會擁有足夠的能力來完成任務。林肯因為得到那個力量的幫助，得以在其任內完成了志業，而你也將擁有同樣的機會，獲得祂賜予智慧，來處理你所承擔的責任，所以，請懷抱著信心堅持下去。

請詳細閱讀本書，讓它經常陪伴你，直到你能掌握所有內容。在你建立堅定信心的過程中，如果你能放棄大部分的休閒娛樂，並遠離那些與本書教誨衝突的觀念會更好。所以，請不要閱讀那些悲觀的書籍或作品，或是與人爭辯相關的論點。

除了前言提到的幾位作者外，請盡量少讀其他作品。閒暇時盡可能默想自己的願景，培養感謝的心，並持續閱讀本書。

Chapter17
致富的科學摘要

本書涵蓋了一切你必須知道如何致富的科學，這裡將所有重點再次做一個總結。

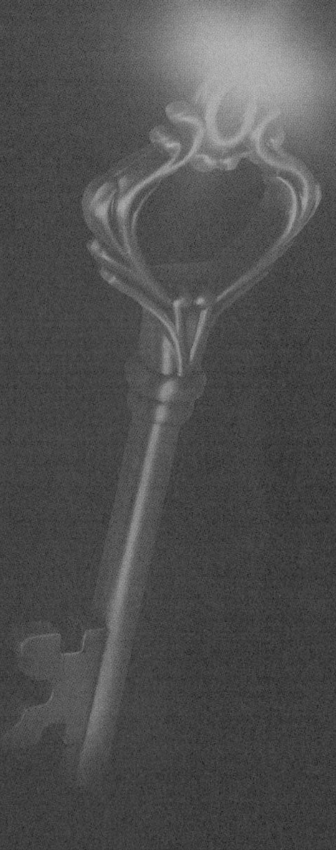

有種思考物質的存在，萬事萬物皆來自於祂；而且祂的原始狀態能滲入、穿透並瀰漫在整個宇宙之間。

這個思考物質中的任何思想，能製造出思想所想像出來的事物。

每個人都可以透過思想來塑造出事物，並將思想傳達到無形物質上，讓思考的事物具體化。

為了做到這一點，必須放棄競爭性的思考，轉而採取創造性的思考，否則我們無法與處於創造性思考的無形智慧體協調一致。

如果有人因無形智慧體賜予他祝福，而不斷且衷心地感謝，就能與祂建立起全然協調的關係。感謝能將人類心靈與智慧體連結在一起，讓智慧體接收到他的思想；也唯有透過深長且持續的感謝，與無形智慧體合而為一，才能維持創造性的思考。

- 我們必須在心中為自己想要、想做、想成為的事物勾勒出清楚且明確的心靈圖像，在思想中牢牢記住，並對至高無上的力量應允賜予想要的一切而獻上真誠的感謝之意。

- 希望致富的人必須利用閒暇時默想願景，經常默想心靈圖像，保持無可撼動的信心，同時獻上深層的感謝，這十分重要，因為這是將心靈圖像傳達給無形物質，讓創造性力量開始動工的過程。

- 創造性的力量會透過自然界的成長，及產業與社會秩序所建立的管道而發揮作用。只要按照前面的指示做，並擁有無法撼動的信心，就可以達到讓願景成真的目的。而我們會透過既有的商業與金融管道，得到所想要的一切。

為了接收到想要的事物，每個人都必須有所行動，同時擁有超越目前職務所需要的能力。我們必須了解自己的心靈圖像，時時擁有致富的決心。同時，盡可能今日事今日畢，以成功的態度來處理每件事。我們提供給別人的使用價值，絕對將超出對方付出的金錢價值，如此一來，每筆交易都會讓其他人的生命有所提升。同時，我們也必須擁有不斷成長的思想，讓接觸過的每個人都能接收到這樣的印象。

人人只要按照這個指示去做，絕對能會致富，而所得到財富的多寡，將由願景的清晰度、決心的堅定度、信心的穩固度，以及感謝的深刻度來決定。

New life
11

New life

11